SURFEN

LERNEN

leicht · schnell · gründlich

PHIL JONES

Übersetzung und deutsche Bearbeitung
von Susanne Scheuer
Fotos von Philip Gatward

DELIUS KLASING VERLAG

Ein Dorling-Kindersley-Buch
Originaltitel: **Learn to Windsurf in a Weekend**
Copyright © 1992 by Dorling Kindersley Limited, London
Text Copyright © 1992 by Phil Jones

Die Deutsche Bibliothek – CIP-Einheitsaufnahme

Surfen lernen: leicht – schnell – gründlich/Phil Jones. Übers.
und dt. Bearb.: Susanne Scheuer. Mit Fotos von Philip Gatward. –
Bielefeld: Delius Klasing, 1993
(Ein Dorling-Kindersley-Buch)
Einheitssacht.: Learn to windsurf in a weekend <dt.>
ISBN 3-7688-0785-1
NE: Jones, Phil; Gatward, Philip; Scheuer, Susanne [Bearb.]; EST

1. Auflage
ISBN 3-7688-0785-1
Die Rechte für die deutsche Ausgabe liegen beim Verlag
Delius, Klasing & Co., Bielefeld
Schutzumschlaggestaltung: Formel 3 Kommunikation, Bielefeld
Gesamtherstellung: Kunst- und Werbedruck, Bad Oeynhausen
Printed in Germany 1993

INHALT

EINFÜHRUNG

Mit diesem Intensivkurs können Sie in kurzer Zeit Windsurfen lernen. Unmöglich, denken Sie, da muß man doch supersportlich und topfit sein... Stimmt nicht. Denn nicht auf die körperlichen Fähigkeiten kommt es bei diesem weltweit äußerst beliebten und atemberaubenden Sport an, sondern richtige Technik und Köpfchen sind gefragt. Klar, wer sportlich gut drauf ist, lernt schneller. Voraussetzung jedoch ist körperliche Superform nicht.
Umgekehrt steigert Windsurfen Ihre allgemeine Fitneß enorm: Die perfekte Körperbeherrschung und ein drahtig-sportliches Aussehen vieler Windsurf-Enthusiasten beweisen das immer wieder. Das Windsurf-Fieber, grassiert

es erst einmal, hat in den letzten Jahrzehnten Millionen Frauen und Männer von sieben bis siebzig nicht mehr losgelassen. Ihre Eintrittskarte in die faszinierende Welt des Windsurfens ist dieses Buch. Ein gut strukturierter und prägnanter Intensivkurs gibt Ihnen alle nötigen Informationen für den bestmöglichen Start in Ihr neues Hobby. Logisch aufgebaut, führt der Kurs Sie schrittweise und ganz automatisch zu immer fortgeschritteneren Techniken bei immer schwierigeren Windbedingungen.

Weil jedoch der erste Schritt meist der schwierigste ist, wird dieses Buch dazu beitragen, daß Sie den ersten und oft gefürchteten Start standfest und sicher überstehen. Viele sind nämlich von den ersten Surfversuchen immer wieder enttäuscht, weil sie sich in der Anfangsphase schlechte Gewohnheiten und Fehler aneigneten. Dieses Buch jedoch will Ihnen helfen, derartige „Reinfälle" von vornherein zu vermeiden und Ihnen möglichst viel von dieser faszinierenden Gleitsportart vermitteln. Viel Glück dabei und nicht vergessen:

Have fun!

PHIL JONES

DIE VORBEREITUNG

Ein paar nützliche Ratschläge und Informationen für den perfekten Start

Freuen Sie sich: Für Ihren Intensivkurs ist gar nicht so viel Vorbereitung nötig, wie Sie vielleicht annehmen. Wenn Sie in eine Surfschule gehen, stellt diese Ihnen fast die gesamte Ausrüstung zur Verfügung, die Sie brauchen. Sie bringen lediglich Ihre Badehose, die Sie unter dem Neoprenanzug tragen werden, sowie Turnschuhe und ein Handtuch mit. Sie müssen nicht in körperlicher Höchstform sein, um Windsurfen zu lernen. Bei leichtem Wind läßt sich das Segel einfach handhaben, und auch sonst läuft alles relativ langsam ab. Windsurfen ist übrigens nicht sehr

Flagge

Surfschuhe

HÜFTTASCHE
Derartige kleine Täschchen sind äußerst praktisch für diverse Ersatzteile.

ERWEITERN SIE IHR WISSEN
Machen Sie sich schon jetzt mit den vielen nützlichen und oft unverzichtbaren Windsurf-Accessoires vertraut (siehe Seite 16–17).

Gabel-baum-schnell-verschluß

Fingerlose Handschuhe

BOARD
Lernen Sie die verschiedenen Teile von Board und Rigg kennen.

Ab-schleppöse

Kopf-schutz

verletzungsgefährlich – wenn was schiefgeht, fällt man „nur" ins Wasser. Sie müssen auch kein exzellenter Schwimmer sein, sollten sich aber im Wasser pudelwohl fühlen. Ihr Neoprenanzug und vor allem die Schwimmweste werden Sie immer über Wasser halten, und Ihr Brett geht niemals unter. Lesen Sie alles über Ihren neuen Sport: zum Beispiel die Informations-Broschüren, die Sie von Ihrem Schulungs- beziehungsweise Verleihcenter bekommen. Versuchen Sie jedoch nicht, zu schnell vorwärtskommen zu wollen. Lassen Sie sich Zeit bei Ihrem neuen Sport. *(Alle fett gedruckten Wörter sind übrigens auch im Fachwörterverzeichnis auf Seite 92 erklärt.)*

SCHWIMMWESTE

Eine Schwimmweste gibt Ihnen beim Lernen Vertrauen und Sicherheit. Sie sollte bequem sitzen und Ihre Bewegungsfreiheit nicht einschränken.

NEOPRENANZUG

Wärme ist ganz wichtig für den Spaß beim Lernen. Die modernen Neoprenanzüge sind funktionell, bequem und attraktiv. Sie schützen nicht nur vor Kälte, sondern geben Ihnen auch im Wasser etwas Auftrieb.

DAS MATERIAL

Wichtige Details an Brett und Rigg

Der Windsurfer ist die einfachste Form eines segelbetriebenen Fahrzeuges. Er ist nicht nur extrem wendig und leicht zu handhaben, diese simple, aber geniale Erfindung ermöglicht es auch, dem Element Wasser noch näher zu sein als jede bisher dagewesene Art zu segeln. Das Geheimnis liegt in der einmaligen Konstruktion des schwenkbaren Riggsystems, mit dem man das Brett ohne Ruder steuern kann. Obwohl einige der nun folgenden Abbildungen für Sie erst im fortgeschrittenen Stadium wichtig werden, ist es sehr hilfreich, sich bereits jetzt schon mit den verschiedenen Teilen eines Windsurfboards vertraut zu machen.

BRETT UND RIGG

Ein Windsurfgerät setzt sich aus zwei Teilen zusammen: aus dem **Brett** und dem **Rigg.** Das Brett besteht meistens aus einer Kunststoff-Außenhaut, die mit Schaum oder anderen Auftriebskörpern gefüllt ist. Die Brettoberfläche **(Deck)** hat einen Anti-Rutsch-Belag. In der Brettmitte befindet sich ein Schlitz, durch den man das **Schwert** steckt. Eine kleine **Finne** sitzt in einem Finnenkasten am Ende **(Heck)** des Boards. Das Rigg besteht aus **Segel, Mast, Gabelbaum** und **Mastfuß.**

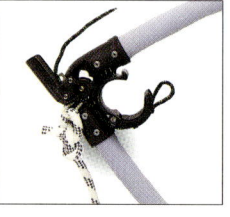

GABELBAUM •
Die meisten Gabelbäume haben am vorderen Ende einen **Schnellverschluß**, um den Mast am Gabelbaum zu befestigen.

MASTFUSS •
Eine Verbindung mit Gummigelenk (Powerjoint) hält Brett und Rigg zusammen. Der **Mastfuß** wird in die **Mastschiene** gesteckt, die entlang der Boardlängsachse läuft, um die Riggposition verändern zu können.

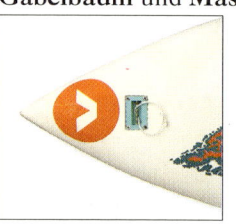

ABSCHLEPPÖSE •
Viele Bretter besitzen eine Vorrichtung zum Abschleppen des Boards am Bug und/oder Heck.

SEGELLATTEN

Mehrere Segellatten werden in die am **Segel** aufgenähten Lattentaschen geschoben. Sie helfen, den Stand des Segels zu halten. Länge und Anzahl der Latten variieren nach Größe und Schnitt des Segels. Die Latten werden am **Achterliek** (hintere Saumkante des Segels) mit Schnallen gespannt.

TRIMMSCHOT

Mit der Trimmschot verbindet man das **Schothorn** (hintere Ecke des Segels) mit dem Ende des Gabelbaums. Mehrere Übersetzungsrollen im Gabelbaumendstück erleichtern das Spannen der Trimmschot ohne großen Kraftaufwand.

GABELBAUM

Die Gabelbaumlänge kann man normalerweise auf die entsprechende Segelgröße einstellen. Ist der Gabelbaum zu lang, läßt sich das Rigg schwerer kontrollieren, und wertvolle Vortriebskraft geht verloren.

FUSS-SCHLAUFEN

Die meisten Boards besitzen Inserts (Halterungen) für Fußschlaufen. Mit Fußschlaufen surft man jedoch nur bei stärkerem Wind. Bei den ersten Fahrversuchen stehen sie eher im Weg, weshalb man sie zunächst lieber abmontieren sollte.

FINNE

Ein kleines, aber lebenswichtiges Zubehör ist die **Finne:** Sie gibt dem Surfboard die Richtungsstabilität.

TRAGEN DER AUSRÜSTUNG

Wie man Brett und Rigg kraftsparend trägt

Einer der großen Vorteile des Windsurfens ist, daß das Sportgerät – im Vergleich zu einem Segelboot – extrem leicht zu handhaben ist. Die Boards passen problemlos auf den Dachgepäckträger. Sie sind relativ leicht und können von Erwachsenen ohne weiteres auf- und abgeladen werden. Obwohl Board und Rigg sehr robust sind, sollte man beim Tragen trotzdem Vorsicht walten lassen, weil man nicht nur dem Board unschöne Dellen, sondern auch anderen Menschen Verletzungen zufügen kann.

BRETT TRAGEN

Keine Angst: Hier kommt es mehr auf die Technik als auf körperliche Kraft an.

KINN HOCH •
Halten Sie beim Tragen des Boards den Kopf aufrecht und den Rücken gerade.

HÄNDE •
Eine Hand greift an den **Mastfuß.** Wenn dieser nicht eingesteckt ist, fahren Sie einfach mit den Fingern in die **Mastschiene.** Die andere Hand packt das am Brett seitlich herausragende **Schwert.**

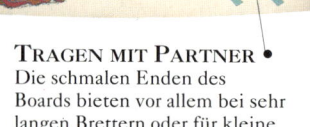

TRAGEN MIT PARTNER •
Die schmalen Enden des Boards bieten vor allem bei sehr langen Brettern oder für kleine

Erwachsene und Kinder idealen Tragekomfort zu zweit.

DACHGEPÄCKTRÄGER

SICHER AN DEN SEE
Der Zwei-Holmen-Lastengepäckträger eignet sich am besten für den Transport von Surfboards. Die Holme sollten möglichst weit voneinander entfernt und so fest wie möglich montiert werden. Aufgezogene Gummischläuche schützen das Brett, das man mit mindestens 25 Millimeter breiten Spanngurten an den Holmen festzurrt. Das Mastende, das über das Heck des Autos reicht, markieren Sie mit einer roten Fahne.

RIGG TRAGEN

Das Rigg kann man auf zwei Arten tragen. Faustregel: Der Mast zeigt immer quer zum Wind, das Gabelbaumende zeigt in den Wind. So trägt der Wind den größten Teil des Segels selbst.

ÜBER DEM KOPF
Die eine Hand hält den Mast oberhalb des Gabelbaums, die andere Hand greift an den Gabelbaum. So kann man sich unter dem Segel drehen und in jede Richtung vorwärts laufen.

• DER WIND HILFT
Es ist nicht annähernd so schwer wie es aussieht: Der Wind verrichtet die Hauptarbeit, indem er unter das Segel fährt und es hochliftet.

VOR DEM KÖRPER•
Wieder greifen die Hände an Mast und Gabelbaum, aber dieses Mal von oben: Denken Sie dran: die Knie und nicht den Rücken beugen, wenn Sie das Rigg anheben.

• RÜCKWÄRTS GEHEN
Um den Mast quer zum Wind zu halten, muß man bei dieser Tragweise eventuell auch mal rückwärts gehen.

AUF NUMMER SICHER
Legen Sie auch am Strand das Rigg mit dem Mast quer zum Wind und sichern Sie es entsprechend, damit der Wind es nicht wegbläst und das Segel – oder schlimmer noch – andere Personen Schaden erleiden.

NEOPRENANZUG

Verschiedene Anzugtypen für alle Jahreszeiten

—————•—————

Die modernen Neoprenanzüge haben den Wassersport revolutioniert. Sie sind mittlerweile so ausgereift, daß man das ganze Jahr über zum Surfen gehen kann. Neben dem Surfboard wird der Anzug die einzige größere Investition für Ihren Sport bleiben. Überlegen Sie sich gut, bei welchen Wind- und Wetterverhältnissen Sie am häufigsten und am liebsten surfen – danach sollten Sie Ihren Anzugtyp wählen.

WINTER

An kalten Herbst- und Wintertagen sollte das Neopren des Overalls schon vier bis sechs Millimeter dick sein.

• HALSMAN-SCHETTE
Sie verhindert weitgehend Wasser-eintritt.

• STEAMER
Der populärste Anzug für kalte Tage ist der gut sitzende Langarm-Over-all, auch Steamer genannt. Er ist fast wasserdicht und schränkt trotzdem die Bewegungs-freiheit kaum ein.

• REISS-VERSCHLUSS
Am besten verläuft er quer über den Rücken.

• KNIE
Die Knie sollten besonders verstärkt sein, um sie nicht auf dem Brett auf-zuscheuern. Falls notwendig, kann man nachträglich auch noch Ver-stärkungen aufkleben oder nähen lassen.

TROCKEN-ANZUG •
Der Trockenoverall ist der wärmste von allen Anzugtypen für sehr kalte Tage. Er soll möglichst eng geschnitten sein und perfekt sitzen. Alle Nähte sind vor Wassereintritt besonders geschützt.

WARMHALTEN IST ALLES

DIE FUNKTION EINES NEOPRENANZUGS

Einmal hat das Neoprenmaterial hervorragende kälteisolierende Eigenschaften und hilft so, die eigene Körperwärme zu halten. Je dicker das Material, desto besser der Wärmeschutz. Ferner dringt immer eine kleine Wasserschicht zwischen Körper und Anzug, die sich erwärmt und ebenfalls die körpereigene Temperatur hält.

DOPPELT KASCHIERT

Alle Anzüge sind auf der Innenseite mit Nylon kaschiert, was das Anziehen über die nackte Haut erleichtert. Manche Anzüge haben innen und außen eine Nylonschicht. Diese doppelt kaschierten Anzüge sind zwar widerstandsfähiger, speichern jedoch mehr Wasser und sind damit kühler als Glatthautneopren.

SOMMER

Im Sommer tragen Windsurfer oft ärmellose Tops und Shorts. Als Einsteiger sollte man jedoch immer einen Neoprenanzug tragen.

ARM-FREI-HEIT •
Manche Steamer haben für wärmere Tage abnehmbare Ärmel.

SHORTY •
Die Shorties haben kurze Ärmel und Beine, halten aber trotzdem Nieren und Schultern warm. Sie sind ideal für warme Sommertage.

OBERTEILE •
Im Hochsommer werden gerne Tops und Westen in allen Farbvarianten getragen.

PER-FEKTER SITZ •
Der Anzug sollte vor allem an Beinen, Brust und Hüfte möglichst straff und an den Armen

eher locker sitzen.

FARBEN •
Farbiges Neopren wird immer beliebter. Es heizt sich in der Sonne nicht so schnell auf, sieht gut aus, und man wird bei einem Notfall auf dem Wasser schnell gesehen.

SHORTS •
Manche surfen auch gerne in Baumwollshorts. Denken Sie aber daran, daß man auf dem Wasser schnell auskühlt und das Neopren auch vor Aufschürfungen schützt.

ACCESSOIRES

Nützliches Zubehör zum Windsurfen

Der Neoprenanzug ist das wichtigste Stück der persönlichen Ausrüstung. Wenn Sie aber auch bei widrigen Witterungsverhältnissen und stärkerem Wind bequem und sicher surfen wollen, sind ein paar weitere Anschaffungen überlegenswert. Vor allem Hände, Füße und Kopf kühlen bei kälteren Temperaturen schnell aus.

• HANDSCHUHE
Handschuhe halten nicht nur warm, sie schützen auch vor Blasen. Fingerlose Segelhandschuhe verhindern Aufschürfungen an der Handinnenseite, und die Fingerspitzen sind für filigrane Tätigkeiten frei. Neoprenhandschuhe engen mehr ein, halten dafür aber die Hände besser warm.

Segelhand-
schuhe •

KOPFSCHUTZ •
Zwischen einem Viertel und einem Drittel der gesamten Körperwärme geht über den Kopf und den Nacken verloren. An kalten Tagen schützt deshalb eine Neoprenhaube Kopf und Hals. Eine warme, gut sitzende Wollmütze jedoch, gerade wenn sie naß ist, kann die Körperwärme ebenfalls effektiv halten.

• Neopren-
handschuhe

• SURFSLIPPER
Wichtig bei Surfschuhen sind griffige Sohlen. Leichte Slipper mit Antirutschsohlen geben zusätzlichen Halt und schützen die Füße vor Aufschürfungen am Brett, am Mastfuß oder an Steinen und Felsen unter Wasser.

• SURFSCHUHE
An kalten Tagen sorgen höher geschnittene Neoprenschuhe nicht nur für besseren Halt auf dem Board, sondern auch für warme Füße. Kalte Füße beeinflussen übrigens das Balancegefühl.

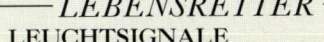

HELM •
Polystyren-
Helme bieten
maximalen
Schutz (vor
allem für
Könner, die in

der Welle sur-
fen und sprin-
gen), halten
aber auch
warm.

**HÜFT-
TRAPEZ** •
Hat man die
Grundbegriffe
des Surfens
gelernt, ent-
lastet ein **Tra-
pez** die Arme
enorm, weil es
die Segelkraft
über die Arme
auf den gesam-
ten Körper
überträgt. Das
Hüfttrapez
eignet sich
vor al-
lem für
Leichtwind und
Brandungssurfen in hohen Wellen.

TRAPEZTAMPEN •
Die meisten **Trapeztampen**
bestehen aus Seilenden. Einige
haben eine Plastikummantelung,
um nicht so schnell durchzu-
scheuern. Die Tampen werden
auf jeder Gabelbaumseite mit
Klettverschlüssen oder speziellen
Schnallen angebracht.

• **SITZTRAPEZ**
Das Sitztrapez hat sich als beste Trapezform
durchgesetzt. Der Haken sitzt in der Regel
unterhalb der Hüfte, und die Kraft wird so
mehr aufs Gesäß als auf den Rücken gelei-
tet. Dadurch wird fast das gesamte Rigg-
Gewicht vom Körpergewicht des Surfers
aufgenommen, die Arme sind entlastet.

SCHWIMMWESTE •
Der Anzug gibt ein wenig Auftrieb. Eine Schwimmweste jedoch
hält Sie vollständig über Wasser
und wärmt zudem noch außerhalb
des Wassers.

— LEBENSRETTER —

LEUCHTSIGNALE
Wenn Sie in Seenot geraten, können Sie
mit Leuchtsignalen und Flaggen auf
sich aufmerksam machen.

Leuchtraketen

Messer • • *Trimm-
hilfe*
*Ersatz-
tampen*

• *Flagge*

Trillerpfeife •

• *Hüftgurt
für Ersatz-
teile*

DER WIND

Die Kraft im Segel

Der Wind ist die natürliche Energiequelle für unser Surfboard, so wie das Benzin der Kraftstoff für das Auto ist. Vorteil: Der Wind kostet nichts, stinkt nicht und macht keinen Lärm. Allerdings ist der Umgang mit diesem unsichtbaren Kraftstoff meist etwas umständlicher. Im Gegensatz zu den meisten anderen Energiequellen läßt sich der Wind nur annähernd, aber nie genau kalkulieren. Er kann in Stärke und Richtung variieren und hat manchmal eine enorme Kraft. Diese Unberechenbarkeit birgt Gefahren, die oft unterschätzt werden. Warten Sie deshalb für den ersten Start auf einen warmen Sommertag mit einer leichten Brise. Bläst der Wind zu stark, treibt man ständig ab, weil man noch nicht steuern kann –, das ist anfangs ziemlich frustrierend. Die Windstärke wird in der Regel in Beaufort gemessen, was jedoch mehr die Wirkung des Windes auf die Umwelt als seine tatsächliche Geschwindigkeit anzeigt. Vermeiden Sie am Anfang Windstärken über vier Beaufort.

DIE VORTRIEBSKRAFT

Beim Windsurfen nutzt man die Windenergie, die mit Hilfe des Segels in Vortrieb umgesetzt wird. Das Segel arbeitet dabei in der gleichen Weise wie die Tragflächen eines Flugzeugs: Der Druckausgleich, der entsteht, wenn der Wind an beiden Segelseiten vorbeiströmt, erzeugt Auftrieb und damit für unser Surfboard Vortrieb.

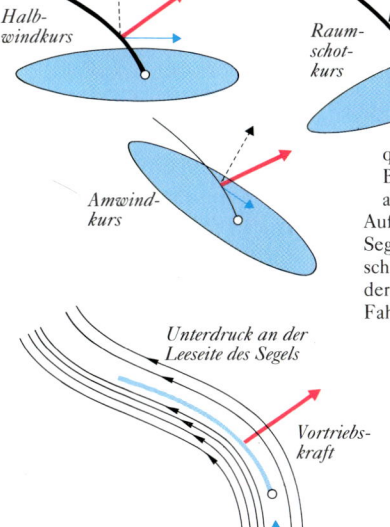

Halb-
windkurs

Raum-
schot-
kurs

Amwind-
kurs

KURSE AM WIND

Die Segelkraft arbeitet immer in der gleichen Richtung. Sie kann aber nicht bei allen Fahrtrichtungen zum Wind für den gleichen Vortrieb sorgen. Der Grund: Sie teilt sich in eine in Fahrtrichtung wirkende und in eine quer zum Brett wirkende Kraft. Die Querkraft versucht, das Brett während der Fahrt zur Leeseite hin (dem Wind abgewandte Segelseite) von der Fahrtrichtung abzudrängen. Auf **Raumschotkurs** zum Beispiel ist bei richtiger Segelstellung die Querkraft am geringsten – er ist der schnellste Kurs. Surft man hoch am Wind, geht ein großer Teil der Vortriebskraft als seitliche Querkraft verloren, was das Fahrttempo verringert.

Unterdruck an der Leeseite des Segels

Vortriebs-kraft

Segel langsam dichtholen, wenn Geschwindigkeit zunimmt

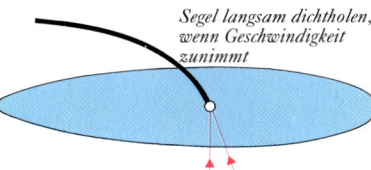

SEGEL-SOG

Der Luftstrom muß auf der Leeseite des Segels einen längeren Weg zurücklegen. Dadurch entsteht hier ein Unterdruck, ein Sog, der etwa zwei Drittel aller Vortriebskräfte ausmacht.

RELATIVER WIND

Der Fahrtwind und der atmosphärische Wind (den Sie am Ufer spüren) bilden zusammen den Wind, den Sie beim Fahren spüren und für den Antrieb durch das Segel nützen. Dieser Wind heißt **relativer Wind,** weil er aus dem Verhältnis zweier Windarten entsteht.

BEAUFORT-SKALA

Bft.	BESCHREIBUNG	BEZEICHNUNG	GESCHW. *(km/h)*
0	*Keine Luftbewegung.*	*Windstille*	**0– 1**
1	*Wasser leicht gekräuselt, Windrichtung an ziehendem Rauch erkennbar.*	*Leiser Zug*	**1– 5**
2	*Wind im Gesicht fühlbar.*	*Leichte Brise*	**6–11**
3	*Blätter werden bewegt, leichte Wimpel gestreckt.*	*Schwache Brise*	**12–19**
4	*Kleine Zweige werden bewegt, schwere Wimpel gestreckt.*	*Mäßige Brise*	**20–28**
5	*Größere Zweige werden bewegt, Wind im Gesicht unangenehm.*	*Frische Brise*	**29–38**
6	*Große Zweige werden bewegt, hohe Wellenform, Gischt.*	*Starker Wind*	**39–49**
7	*Schwächere Bäume werden bewegt, brechende Wellen.*	*Steifer Wind*	**50–61**
8	*Große Bäume werden bewegt, abgebrochene Zweige.*	*Stürmischer Wind*	**62–74**

DIE KURSE AM WIND

Die möglichen Fahrtrichtungen für ein Surfboard

Anfangs werden Sie es nicht für möglich halten, aber mit etwas Übung kann man sein Surfbrett in jede beliebige Richtung steuern, außer direkt gegen den Wind. Die verschiedenen Fahrtrichtungen auf dem Wasser nennt man **Kurse am Wind.**

surft man auf dem schwierigen und kippeligen Vorwindkurs.

• RAUMSCHOT- UND VORWINDKURS •
Hier fährt man vom Wind weg: Beim Raumschotkurs weht der Wind schräg von hinten. Er ist der schnellste Kurs. Fällt man so weit vom Wind ab, daß er direkt von hinten kommt,

HALBWINDKURS •
Bei halbem Wind weht der Wind etwa 90 Grad seitlich zum Board. Auf dem Halbwindkurs können Sie in eine Richtung fahren und nach dem Segelwenden auf dem gleichen Kurs wieder zu Ihrem Ausgangspunkt zurückkehren.

AMWINDKURS •
Der Kurs schräg gegen den Wind wird auch Kreuzkurs genannt. Will man auf ein Ziel zusurfen, das direkt in Windrichtung liegt, muß man einen Zickzackkurs am Wind fahren, indem man jedesmal das Segel auf die andere Brettseite wechselt. Denn direkt gegen den Wind kann man nicht surfen – das Segel würde wie eine Fahne im Wind flattern.

• RAUMSCHOTS HEIZEN
Die drei Kurse wiederholen sich auch auf der anderen Segelseite: Hier wieder der beliebte Raumschotkurs, auf dem das Brett seine höchste Gleitgeschwindigkeit erreichen kann. Der Nachteil: Um wieder zum Ausgangspunkt zurückzukehren, muß man gegen den Wind hochkreuzen. •

• PERFEKTER START BEI HALBWIND
Der Halbwindkurs ist die Ausgangsposition für den ersten Start und auch für den sogenannten Notstopp. Hier kann man Geschwindigkeit und Fahrtrichtung relativ leicht kontrollieren.

• HART AM WIND
Auf Amwindkurs muß das Segel möglichst dicht genommen werden. Für kleine Richtungsänderungen dreht nur das Brett unter den Füßen, das Segel bleibt jedoch so dicht wie möglich.

• KEINE FAHRT GEGEN DEN WIND
Für jeden Richtungswechsel muß man mit dem **Bug** oder dem **Heck** durch den Wind drehen. In dieser „toten Zone" flattert das Segel im Wind, es ist keine Fahrt möglich. Hält man das Segel mit nur einer Hand an der Startschot und läßt es flattern, dreht es automatisch wie eine Fahne in den Wind. So kann man auf dem Wasser sehr schnell die Windrichtung bestimmen.

WINDRICHTUNG

DIE PRAXIS

Ihr Stundenplan auf einen Blick

———————————•———————————

Der gesamte Intensivkurs setzt sich aus 14 Lektionen zusammen. Zunächst geht es ums Aufriggen, um die Gewöhnung mit Board und Rigg und um die Grundprinzipien des Steuerns. All diese Kenntnisse geben Ihnen auf dem Wasser dann Vertrauen und Sicherheit, so daß Sie alleine wieder zum Strand zurückkehren können.Dann lernen Sie die anspruchsvolleren Kurse am Wind kennen. Außerdem lernen Sie, mit ein paar Handgriffen alle auf dem Wasser auftretenden Schwierigkeiten selbst zu meistern. Wählen Sie dazu Tage, an denen beständiges Wetter und eine leichte Brise vorausgesagt werden. Und starten Sie lieber auf Binnengewässern, da das Meer mit gefährlichen Strömungen oder Gezeitenfolgen zusätzliche Risiken bietet. Noch etwas: Fühlen Sie sich nicht gezwungen, den Kurs an einem Wochenende durchzuziehen; nehmen Sie sich viel Zeit und genießen Sie Ihren neuen Sport.

*Sichere
Startposition*

LERN-SYMBOLE

UHR
Auf der ersten Seite jedes neuen Kapitels erscheint eine kleine Uhr. Der blaue Teil zeigt Ihnen, wieviel Zeit Sie für dieses Kapitel benötigen und wann Sie das Kapitel am besten praktisch üben (kein Zwang, nur eine Richtlinie).

PUNKTE-SYSTEM
Jedes Kapitel erhält je nach Schwierigkeitsgrad verschiedene Punkte. Ein Punkt bedeutet, das Kapitel ist vergleichsweise leicht zu lernen, während anspruchsvolle Kapitel mit fünf Punkten überschrieben sind.

SYMBOLE
Die blauen Figuren in der Mini-Sequenz am Anfang jedes Kapitels zeigen den Inhalt dieses Kapitels, das in verschiedene Lernphasen unterteilt ist. Die Nummern über den Symbolen zeigen die Reihenfolge der Sequenz und geben einen Überblick über die einzelnen Bewegungsabläufe eines kompletten Manövers.

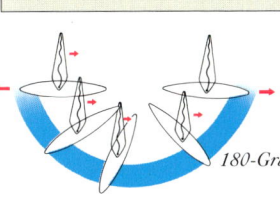

Blaue Pfeile zeigen die Windrichtung an

180-Grad-Drehung

Segel dichtnehmen

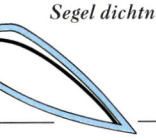

Brett steuern

		Stunden	Seite
KAPITEL 9	Kreuzen	¾	54-57
KAPITEL 10	Wenden	1¼	58-61
KAPITEL 11	Raumschot- und Vorwindkurs	1	62-65
KAPITEL 12	Halsen	1¼	66-69
KAPITEL 13	Einen Bojenkurs surfen	1¼	70-71
KAPITEL 14	Tips zur Selbsthilfe	¾	72-73

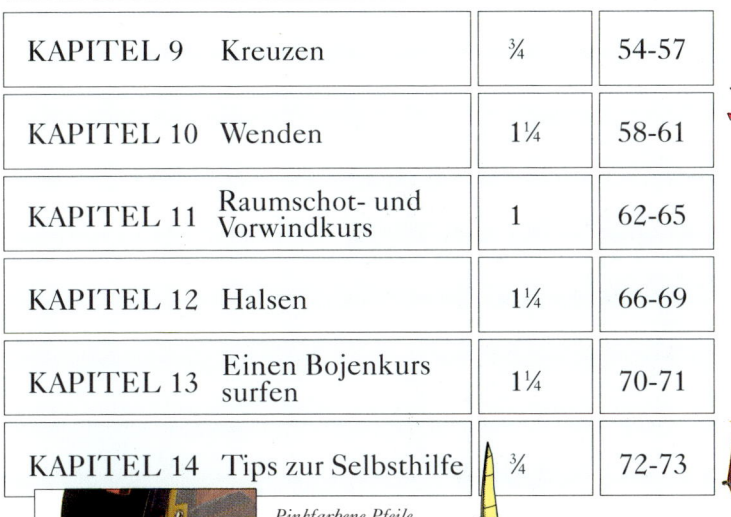

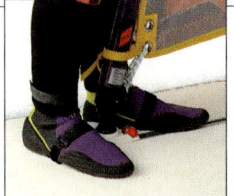

Pinkfarbene Pfeile zeigen die Fahrtrichtung an

Körperposition

Segel gegen den Wind hochziehen

Auf Halbwindkurs surfen

KAPITEL

1

AUFRIGGEN

Definition: *Das Rigg für den Start zusammenbauen*

Das Rigg ist der Motor des Surfboards. Wie ein Motor muß auch das Rigg perfekt „getrimmt" werden, um auf dem Wasser seine volle Leistung zu entwickeln. Gerade in der ersten Lernphase entstehen die Hauptschwierigkeiten mit einem Segel, das entweder die falsche Größe hat, schlecht getrimmt wurde oder gar beides. Ein falsch aufgeriggtes Segel führt bei allen Manövern zu Schwierigkeiten – selbst gute Surfer haben dabei ihre Probleme. Es lohnt sich deshalb, dem Aufriggen genügend Zeit zu widmen.

ZIEL: Rigg richtig zusammenbauen. *Bewertung:* ● ● ● ●

─────── 1. Schritt ───────

WO RIGGT MAN AUF?

Wenn Sie die Wahl haben, bauen Sie Ihr Gerät auf einer Wiese zusammen, weg von anderen Badegästen. Das Aufriggen auf Beton oder Felsen kann ein Aufscheuern von Gabelbaum und Segel zur Folge haben. Und im Sand besteht die Gefahr, daß er sich überall einnistet – manche Teile klemmen später.

• RÜCKEN ZUM WIND
Es ist immer wieder erstaunlich, wie viele Surfer hierbei die größten Schwierigkeiten haben, nur weil sie nicht mehr an die erste Regel beim Aufriggen denken: Stellen Sie sich immer mit dem Rücken zum Wind.

MAST-
TASCHE •
Rollen Sie das Segel auf und schieben Sie den Mast mit der Spitze zuerst von unten durch die **Masttasche.**

• MAST EINFÜHREN
Schieben Sie den Mast bis zum Topp (oberes Ende des Segels). Besitzt das Segel ein Variotopp, vergewissern Sie sich, daß die Mastspitze darin fest sitzt. Später ermöglicht das Variotopp die exakte Anpassung der Vorliekslänge.

MASTFUSS-MONTAGE

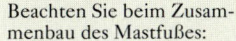

Mastfuß

Beachten Sie beim Zusammenbau des Mastfußes:

Vorliek-strecker

Power-joint

Stecken Sie den Powerjoint (Mastfußgelenk) mittels der Schnellverbindung (Quickrelease-Feder) in den Mastfuß und diesen in das untere Ende des Mastes.

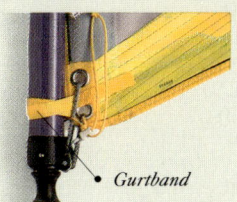

Gurtband

Führen Sie das Seil des **Vorliekstreckers** durch die Rollen und spannen Sie es leicht vor. Befestigen Sie nun das Gurtband um den Mast und die Gummileine der **Startschot** am Mastfuß.

---

2. Schritt

GABELBAUMHÖHE

Als nächstes muß die Gabelbaumhöhe am Mast bestimmt werden. Diese hat nämlich eine unmittelbare Auswirkung auf die richtige oder falsche Körperhaltung auf dem Board und muß somit sorgfältig gewählt werden.

MARKIEREN SIE DEN PUNKT
Stellen Sie das Segel auf und markieren Sie den Mast auf der Höhe Ihrer Schultern. Tip: Kleben Sie auf diesen Punkt ein Stück Tape, so wissen Sie immer gleich die richtige Anschlaghöhe.

WIND
Wenn Sie den Mast aufstellen, können Sie die Windrichtung bestimmen. Das Segel flattert im Wind wie eine Fahne. Wenn Sie genau vor dem Segel stehen, kommt der Wind von hinten.

VORSICHT MASTFUSS
Achten Sie darauf, daß der Mastfuß auf hartem Untergrund nicht beschädigt wird.

3. Schritt

GABELBAUM ANSCHLAGEN

Nun kann man den Gabelbaum am
Mast befestigen. Achten Sie darauf,
daß der Baum richtig herum liegt:
Die Startschot muß nach unten zum
Mastfuß zeigen.

• GABELBAUMSCHNELLVERSCHLUSS
Vergewissern Sie sich, daß die Verbindung
von Mast und Gabelbaum so fest wie
möglich ist.

GABELBAUMENDE •
Nun werden Segel
und Gabelbaumende
mit der **Trimmschot**
verbunden. Achten
Sie auf eine gerade
Tampenführung.
Jetzt können Sie
auch die Segel-
latten spannen.

GLEICHE LÄNGE
Achten Sie darauf, daß der
Gabelbaum für das Segel nicht
zu lang ist, das Rigg wäre dann
schwieriger zu kontrollieren.

4. Schritt

VORLIEKSTRECKER

Nachdem das Segel ganz aufgezogen
ist, wird es gespannt, um ihm den perfekten Stand zu geben. Das Spannen
des Vorliekstreckers ist der
nächste wichtige Schritt.

DRÜCKEN UND ZIEHEN •
Spannen Sie den Vorliekstrecker,
indem Sie, auf dem Boden sitzend,
am Seil ziehen und mit einem Bein
den Mastfuß von sich wegdrücken.

PALSTEK

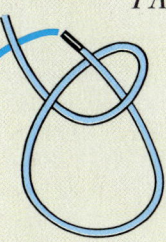 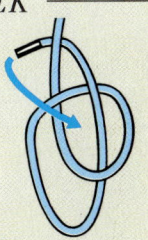 

1. Legen Sie mit dem Tampen eine Schlinge.

2. Führen Sie das Tampenende von hinten durch die Schlinge durch . . .

3. . . . dann um den Tampen herum und wieder in die Schlinge zurück.

4. Ziehen Sie nun den Knoten fest.

TRIMMHILFE

Spezielle Trimmhilfen wie zum Beispiel ein Stück Holz oder ein Taschenmesser erleichtern das Durchsetzen (Spannen) eines Segels.

5. Schritt

TRIMMSCHOT

Mit einer Hand stützen Sie sich nun am Gabelbaum ab, mit der anderen Hand ziehen Sie an der Trimmschot. Stützen Sie dabei die Gabel an der Hüfte ab. Falls mehr Spannung benötigt wird, verfahren Sie wie beim Spannen des Vorliekstreckers.

LOSE ENDEN

Wenn das Segel perfekt getrimmt ist, vertäuen Sie alle lose herunter-hängenden Tampenenden sorgfäl-tig, damit sie auf dem Wasser nicht herumbaumeln und die Spannung lockern. Im Notfall jedoch sollten Sie auf dem Wasser vor allem die Trimmschot auch ohne große Schwierigkeiten wieder lösen können.

• PERFEKTER SEGELSTAND
Das Segel darf jetzt am Mast keine Falten mehr werfen.

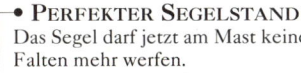

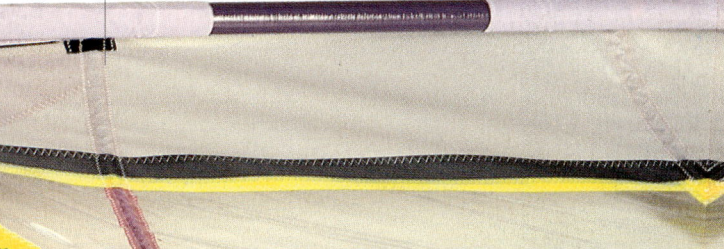

• Mast-
topp

• Latten-
taschen

• Gabel-
baum-
verlän-
gerung

SLALOM

HOTWAVE

FEINTRIMM

Sind Vorliekstrecker und Trimmschot gespannt, ist der Feintrimm von Mast und Gabelbaum der nächste Schritt des Aufriggens.

VARIOTOPP

Justieren Sie das Masttopp so, daß der **Segelhals** bei voll durchgesetztem Vorliekstrecker so nah wie möglich am Mastfuß sitzt.

LATTENTASCHEN

Überprüfen Sie, ob die Latten ausreichend gespannt sind. Es dürfen an den Lattentaschen keine Falten mehr sichtbar sein.

GABELBAUMLÄNGE

Das **Schothorn** sollte mit dem Gabelbaumende abschließen. Der Gabelbaum darf nach dem Spannen der Trimmschot nicht zu weit herausstehen (andernfalls Verlängerung einschieben).

SEGELSTAND

Der Stand des Segels beeinflußt seine
Wirksamkeit und das Handling. Grund-
sätzlich bestimmen der Segelschnitt und
die Masthärte den Stand eines Segels.

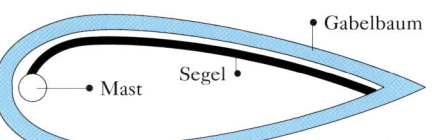

Hier liegt das Segel
zu sehr am Gabelbaum
an.

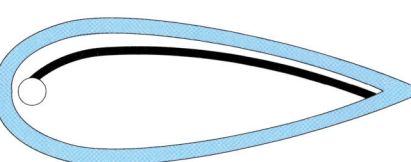

Hier ist die Trimm-
schot richtig
gespannt.

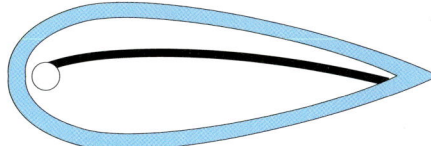

Hier steht das Segel zu
weit vom Gabelbaum
ab.

7. Schritt

RIGGKONTROLLE

Jetzt heißt es, das Rigg noch einmal
auf perfekten Stand hin zu prüfen.
Die Falten im Segel decken die
Fehler beim Feintrimm auf. Sind Sie
mit Segelstand und -spannung
zufrieden, ist das Segel einsatzbereit.

EIN LETZTER BLICK

Stellen Sie das Rigg aufrecht und
überprüfen Sie das Profil des Segels. Berührt
es den Gabelbaum, ist es ungenügend
gespannt. Ist es dagegen zu flach getrimmt,
wird es auf dem Wasser nicht den
entsprechenden Vortrieb entwickeln.

SEGEL TRIMMEN

WIEVIEL SPANNUNG?

Die Spannung eines Segels variiert nach
dem Segelschnitt und dem
Einsatzbereich. Der Schnitt eines Segels
jedoch kann bei unterschiedlicher
Spannung von Vorliekstrecker und
Trimmschot leicht beeinflußt werden:
Ein sehr bauchiges Segel (siehe obere
Zeichnung) erzeugt eine Menge Kraft, ist
aber schwerer zu handhaben.
Ein sehr flach getrimmtes Segel
entwickelt weniger Vortrieb und bereitet
Probleme, den richtigen Anstellwinkel zu
finden.

WEG MIT DEN FALTEN

Moderne Segel sollten mit relativ wenig
Falten gut stehen. Wenn Sie mehrere kleine,
horizontal verlaufende Falten an der Masttasche oder am Vorliek (vordere Kante des
Segels) entdecken, ist der Vorliekstrecker zu
wenig gespannt (siehe Seite 26–27). Das heißt:
Fuß gegen den Mastfuß drücken und nochmal
kräftig nachspannen. Kleine Falten, die
senkrecht entlang der Masttasche verlaufen,
zeigen normalerweise an, daß das Segel richtig
getrimmt ist, der Wind drückt die Falten
wieder raus. Zu große Längsfalten jedoch
erfordern ein Nachspannen der Trimmschot.
Und bei waagerechten Falten am **Schothorn**
ist die Trimmschot zu stark gespannt.

KAPITEL

2 DER WEG INS WASSER

Definition: *Wie man mit seiner Ausrüstung sicher aufs Wasser kommt*

Ist die Ausrüstung startbereit, wird es Zeit für die ersten Übungen auf dem Wasser. Hier ist die Versuchung groß, möglichst schnell loszusurfen. Aber ruhig Blut. Denn die Zeit, die Sie jetzt damit verbringen, sich an Ihr Brett zu gewöhnen, sparen Sie später mehrfach ein. Üben Sie zum Beispiel, auf dem Brett ohne Rigg zu balancieren. Sie werden schnell erkennen, daß die Brettmittellinie der stabilste Bereich ist. Wenn Sie die wackligste Stelle Ihres Boards entdecken wollen, können Sie übrigens gleichzeitig die Qualität Ihres Anzuges prüfen. Ist das Rigg einmal mit dem Brett verbunden, gibt es natürlich viel mehr Dinge zu beachten.

ZIEL: Brett ins Wasser tragen und Board
mit Rigg verbinden. *Bewertung:* ● ● ●

──────── 1. Schritt ────────

WO MAN INS WASSER GEHT

Das Wasser sollte in jedem Fall knietief sein, um das **Schwert** ausklappen zu können, ohne daß es den Grund berührt. Ideal ist es, wenn der Wind seitlich zum Ufer weht, so daß Sie leicht wegstarten können.

BRETT UND RIGG EINZELN TRAGEN
Tragen Sie Brett und Rigg einzeln an den Rand des Wassers – immer darauf bedacht, daß das Rigg nicht wegfliegt. Das Brett treibt ab, sobald Sie ihm den Rücken kehren; legen Sie deshalb zuerst das Rigg ins Wasser. Und vergessen Sie das Schwert nicht!

BOARD UND RIGG

Wenn Brett und Rigg im Wasser liegen, steckt man den Mastfuß in die Mastschiene des Boards. Leichter geht das, wenn das Schwert ausgeklappt ist.

BOARD KIPPEN
Greifen Sie mit der linken Hand den Kopf des Schwertes, während Sie das Brett kippen und mit den Beinen stützen (siehe Foto). Das Wasser darf nicht zu seicht sein, um die Finne nicht zu beschädigen.

• **VERBINDUNG**
Jetzt stecken Sie den Powerjoint gerade in die dafür vorgesehene Verankerung auf der Mastschiene. Nicht vergessen: Rigg-Sicherungsleine am Brett befestigen.

START-ALTERNATIVE

ZEIT SPAREN
Wenn Sie schon sicher im Umgang mit Brett un Rigg sind, können Sie auch die wesentlich schnellere Methode lernen, Brett und Rigg gemeinsam ins Wasser zu tragen. Wählen Sie einen Platz, an dem der Wind seitlich zum Ufer bläst. Verbinden Sie Brett und Rigg am Strand, wobei das Brett Richtung Wasser zeigt. Dann nehmen Sie den Mast in eine Hand und das Heck des Boards in die andere. Der Wind bläst unter das Segel, und nur der Bug des Boards schwimmt auf dem Wasser. Gehen Sie jetzt vorwärts ins Wasser, indem Sie den Mast parallel zur Brettmittellinie halten. Im tiefen Wasser angekommen, stecken Sie das Schwert ganz aus und legen das Segel in Windrichtung ins Wasser.

KAPITEL

3 DIE GRUND-STELLUNG

Definition: *Die sichere Startposition, bei der das Board quer zum Wind und das Rigg im rechten Winkel zum Board liegen.*

Die Grundstellung, auch Sicherheitsstellung genannt, ist die Ausgangsposition für den ersten Start. Falls später Schwierigkeiten auftauchen, nehmen Sie immer wieder die Grundstellung ein, aus der Sie den Start neu versuchen können. Wie der Name schon sagt, ist sie die leichteste und stabilste Position auf dem Brett. Fast alle Kapitel in diesem Buch gehen von dieser Grundstellung aus, so daß Sie ihr etwas mehr Zeit widmen sollten.

ZIEL: Das Rigg aus dem Wasser ziehen und in der sicheren Grundstellung zum Start bereit halten. *Bewertung:* • • •

─────── 1. Schritt ───────

AUFS BRETT STEIGEN

Am besten starten Sie in hüfttiefem Wasser. Die Aufsteigetechnik bleibt jedoch in etwa die gleiche, wenn Sie den Grund mit den Füßen nicht berühren können.

• **SCHWIMMWESTE**
Die Schwimmweste hilft Ihnen beim Aufsteigen. Um aufs Brett zu kommen, stoßen Sie sich mit beiden Beinen hoch, als würden Sie schwimmen.

• **BRETTLÄNGSACHSE**
Halten Sie Ihr Gewicht über der Brettmitte, damit das Brett nicht zu sehr kippelt. Knien Sie sich so aufs Brett, daß der Mastfuß zwischen Ihren Knien liegt.

WIND VON HINTEN •
Greifen Sie die Startschot, die Ihnen hilft, die Balance zu halten. Überprüfen Sie die Windrichtung. Der Wind sollte Ihnen von hinten in den Rücken blasen. Falls nicht, heben Sie das Rigg leicht an und lassen den Wind Segel und Brett herumdrehen.

2. Schritt
SEGEL AUS DEM WASSER ZIEHEN

Stehen Sie auf, beide Arme gestreckt, mit geradem Rücken zurücklehnen und Segel langsam aus dem Wasser ziehen.

• RIGG LIFTEN
Beugen Sie die Knie, halten Sie den Kopf aufrecht und die Arme gestreckt. Mit Hilfe Ihrer Oberschenkel- kraft ziehen Sie nun das Rigg aus dem Wasser.

3. Schritt
SEGEL HOCHZIEHEN

Sobald das Segel vollständig aus dem Wasser ist, kann es ganz leicht hochgezogen werden. Achten Sie darauf, jetzt nicht zu schnell zu ziehen – Sie fallen sonst rücklings ins Wasser.

HAND ÜBER HAND
Eine Hand greift über die andere an der Startschot und zieht so das Rigg auf. Halten Sie den Mast immer noch im 90-Grad-Winkel zum Brett und greifen Sie noch nicht zum Gabelbaum.

KAPITEL

3

IN DEN WIND

Ist das Rigg einmal aus dem Wasser gezogen, kann man das Board in jede Richtung dirigieren, obwohl das Segel noch nicht mit Wind gefüllt ist: Mit kleinen Riggbewegungen nach vorne und hinten können Sie das Board drehen.

HÄNDE
Die Hände greifen jetzt von der Startschot an den Mast unterhalb des Gabelbaums. Vielleicht halten Sie den Mast auch lieber nur mit einer Hand (der andere Arm hilft dann, die Balance zu halten), dann greift nur die vordere Hand an den Mast.

DREHEN
Lehnen Sie das Rigg zum Heck, dreht der Bug (Brettspitze) in den Wind.

HOTWAVE

FÜSSE
Um nicht das Gleichgewicht zu verlieren, stehen die Füße schulterbreit auf der Brettmitte.

GEGEN DEN WIND HOCHZIEHEN

BRETT DREHEN
Oft geschieht es, daß der Wind Ihnen ins Gesicht bläst, wenn Sie das Rigg hochziehen wollen. Das ist meist schwieriger. Steigen Sie dann aufs Brett und heben Sie das Rigg nur leicht an, damit das Wasser abfließt, der Wind in das Segel bläst und das Board so langsam herumdreht. Sobald der Wind wieder von hinten kommt, nehmen Sie wie gewohnt die Grundstellung ein.

Ziehen Sie den Mast nach oben

Heben Sie das Rigg nur leicht an

5. Schritt
VOM WIND WEGDREHEN

Neigen Sie das
Rigg zum Bug
des Boards, dreht das
Board vom Wind weg.

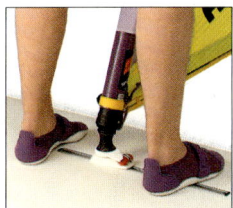

FUSS-STELLUNG
Die Mastschiene zeigt
Ihnen die Brettmitte, auf
der Ihre Füße stehen
sollten.

**KÖRPER-
HALTUNG**
Während die Füße
immer auf der gleichen
Stelle stehenbleiben,
dreht der Oberkörper mit
dem Mast mit.

6. Schritt
GRUNDSTELLUNG

In dieser Grundstellung
richten Sie das Brett zum
Wind aus, indem Sie das
Rigg zum Bug oder Heck
neigen. Ihre Bewegungen
geschehen langsam und dosiert, bis
Sie ein Gefühl für das Rigg-Neigen
bekommen.

SEGEL
Das Segel
weht im
90-Grad-
Winkel
zum Board
im Wind.

• HALTUNG
Sie stehen bequem und entspannt auf dem Board,
Füße schulterbreit links und rechts vom Mast auf
der Brettmittellinie. Entspannen Sie Ihre Beine
und erlauben Sie somit dem Board, unter Ihnen
zu drehen.

KAPITEL

4

180-GRAD-DREHUNG

Definition: *Drehen des Boards um 180 Grad*

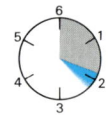

Sie haben das Segel aus dem Wasser gezogen und würden jetzt am liebsten gleich lossurfen. Aber Sie müssen ja auch irgendwann wieder umkehren, und genau das werden Sie jetzt lernen. Erinnern Sie sich: Es gibt zwei Wege, das Brett in die sichere Grundstellung zu drehen. Sie müssen Ihr Board jetzt in die andere Fahrtrichtung drehen. Dafür gehen wir wieder von der Grundstellung aus.

ZIEL: Das Board in die entgegengesetzte Fahrtrichtung herumdrehen.
Bewertung: ● ● ● ●

--- 1. Schritt ---

GRUNDSTELLUNG

Wir wissen bereits, daß man das Brett durch Vor- oder Zurückneigen des Riggs drehen kann. Die 180-Grad-Drehung ist eine Erweiterung davon.

KÖRPERHALTUNG •
Versuchen Sie, ganz locker zu stehen, halten Sie Ihren Rücken aber gerade. Nicht vergessen: Füße schulterbreit direkt auf der Brettmitte plazieren, um die Balance gut halten zu können.

• **SEGEL**
Wenn Sie die richtige Grundstellung eingenommen haben, flattert das Segel wie eine Fahne im Wind. Sie können diese Position entweder mit beiden Händen oder nur mit der hinteren Hand am Mast halten.

VORN UND HINTEN
Wenn Sie im Eifer des Gefechts vorn und hinten des Boards verwechseln, erinnern Sie sich, daß sich der Mastfuß immer **vor** dem Schwert befindet.

2. Schritt
RIGG NEIGEN

Leiten Sie den Turn ein, indem Sie das Rigg zum Heck des Boards neigen, als wollten Sie die Grundstellung erreichen. Diese Bewegung sollte behutsam, aber deutlich ausgeführt werden.

KLEINE BEWEGUNGEN
Die Drehgeschwindigkeit hängt davon ab, wie schnell und wie weit Sie das Rigg neigen. Je schneller und stärker Sie es kippen, desto schneller wird das Brett drehen. Denken Sie aber daran, daß Sie vorerst nur kleine und langsame Bewegungen ausführen.

SCHULTERN
Kippen Sie das Rigg weiterhin zum Heck, damit das Brett weiter dreht. Die Arme bleiben gestreckt, die Schultern und der Oberkörper senkrecht zum Rigg, der Rücken zeigt immer in den Wind.

RIGG
Wenn Sie das Rigg langsam zum Heck neigen, füllt sich das Segel mit Wind und treibt das Brett langsam vorwärts. Folge: Das Brett wird stabiler.

GABELBAUM
Das Gabelbaumende kann Ihnen als Zeigestab für Ihre Riggbewegungen dienen.

FUSSLATTE
Die Fußlatte sollte über der Wasseroberfläche bleiben. Wenn sie das Wasser berührt, haben Sie das Rigg zu weit gekippt, Sie können das Gleichgewicht verlieren und ins Wasser fallen.

FÜSSE
Am Anfang des Turns bleiben die Füße noch auf der Brettmittellinie, die Knie sind leicht gebeugt, und Sie stehen ganz locker und unverkrampft.

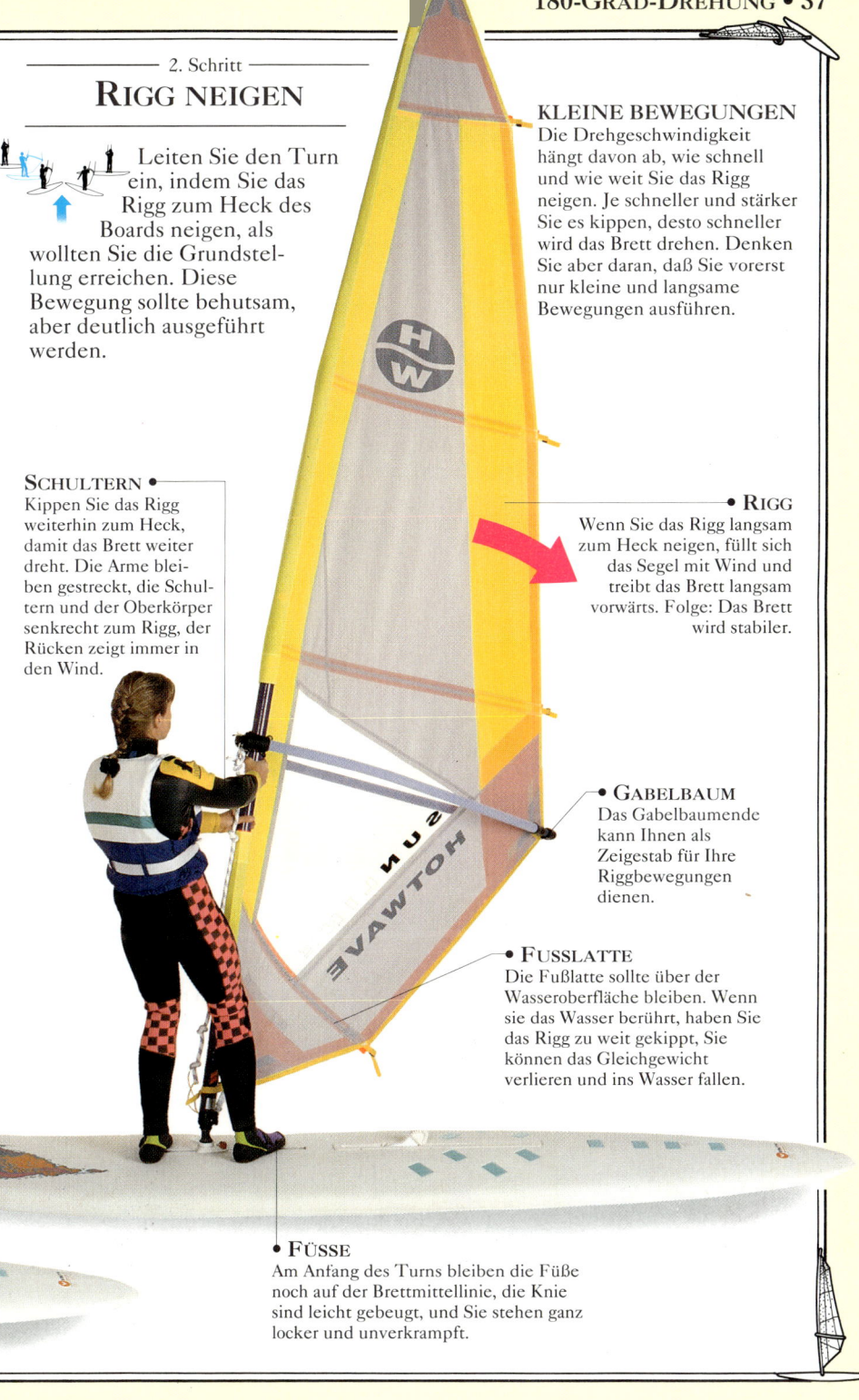

KAPITEL

4

3. Schritt

DURCH DEN WIND

Der Turn geht weiter: Der Bug dreht in und schließlich durch den Wind. Jetzt kommt die Fußposition, der Sie Ihre ganze Aufmerksamkeit schenken müssen.

DURCHDREHEN
Betrachten Sie sich die ganze Fotosequenz dieses Kapitels. Sie sehen, wie das Heck des Boards unter dem Segel durchdreht, sobald Sie das Rigg neigen und um den Mastfuß herumtreten. Dann befinden Sie sich wieder in der sicheren Grundstellung, das Brett jedoch zeigt in die entgegengesetzte Richtung zu Ihrer ursprünglichen Startposition.

RIGG
Lehnen Sie weiterhin das Rigg zum Heck des Boards. Der Bug dreht dabei zum Wind hin. Um das Brett schneller drehen zu lassen, neigen Sie das Rigg stärker nach hinten.

SEGEL
Wenn das Segel nicht mit Wind gefüllt ist, ist es leicht und relativ einfach zu handhaben.

ARME
Die Arme sind immer gestreckt, die Hände greifen den Mast unterhalb des Gabelbaums.

RÜCKEN ZUM WIND
Halten Sie Ihr Körpergewicht über der Brettmitte. Der Wind sollte Ihnen immer in den Rücken blasen. Die Schultern bleiben mehr oder weniger senkrecht zum Rigg.

FÜSSE
Jetzt verändern Sie zum ersten Mal Ihre Fußposition auf dem Brett. Treten Sie in kleinen Schritten so nah wie möglich um den Mast herum.

BOARD
Sie merken nun, wie sich das Brett unter dem Segel dreht, während das Segel in der gleichen Position zum Wind bleibt.

5. Schritt
RUNDUMBLICK

Vergewissern Sie sich nach jedem Turn und vor dem neuen Turn oder Manöver, daß Sie sich in der sicheren Grundstellung befinden und daß Sie niemanden auf dem Wasser behindern.

• HALTUNG
Sie stehen bequem und entspannt, Knie und Arme nur leicht gebeugt. Das Segel weht im 90-Grad-Winkel zur Boardlängsachse im Wind.

4. Schritt
WIEDER IN GRUNDSTELLUNG

Nun können Sie das Brett wieder in die neue sichere Grundstellung manövrieren. Der Bug zeigt jetzt natürlich in die andere Richtung.

DIE DREHUNG

ZURÜCK-DREHEN
Das Brett dreht, sobald Sie das Rigg kippen. Um die Drehung zu stoppen, müssen Sie das Rigg wieder aufrecht stellen. Wenn Sie den Turn in eine Richtung geschafft haben, drehen Sie in die andere Richtung.

Kein Wind im Segel •

DREHRADIUS
Die Größe eines Turns, den Ihr Board beschreibt, hängt davon ab, wie weit Sie das Rigg kippen. Je stärker und je schneller Sie das Rigg aus der Senkrechten neigen, desto schneller dreht das Brett und desto enger ist der Radius.

KAPITEL

5

DER START

Definition: *Aus der sicheren Grundstellung Segel dichtnehmen und wegsurfen.*

Von der Grundstellung aus werden wir zunächst quer zum Wind, also auf Halbwindkurs starten. Obwohl in diesem Kapitel unser Brett von rechts nach links fährt, können Sie natürlich in jede beliebige Richtung fahren, einmal herumdrehen und dann in die andere Richtung zurücksurfen.

ZIEL: Surfstellung einnehmen, Segel dichtnehmen, lossurfen und stoppen. *Bewertung:* ••••

———————— 1. Schritt ————————

GRUNDSTELLUNG

ALLES KLAR
Vergewissern Sie sich, daß Sie freie Fahrt haben und niemanden behindern. Notfalls drehen Sie das Brett und starten in die andere Richtung.

Beginnen Sie in diesem Kapitel mit der Grundstellung (siehe Seite 32–35). Falls das Brett nicht mehr im richtigen Winkel zum Wind liegt, korrigieren Sie das zuerst, sonst ist der Start schwieriger.

• **HALTUNG**
Sie stehen bequem und entspannt in der Grundstellung, bevor Sie starten.

ZIELPUNKT
Es ist empfehlenswert, einen Zielpunkt auszumachen, auf den Sie zusurfen möchten. Das gibt Sicherheit, eine gerade Linie, sprich auf dem richtigen Kurs zu surfen.

• **FÜSSE**
Halten Sie noch die Grundstel-lung, bei der das Brett im 90-Grad-Winkel zum Wind liegt. Die Füße stehen schulterbreit auf der Brettmittel-linie.

• **RIGG**
Denken Sie daran, daß das Segel in der Grundstellung ebenfalls im 90-Grad-Winkel zum Board im Wind weht.

FESTES ZIEL
Ihr Zielpunkt kann eine Boje oder eine Markierung am Ufer sein. Was auch immer Sie sich ausgucken, es sollte sich nicht bewegen.

2. Schritt

ZURÜCKLEHNEN

Lehnen Sie sich ein wenig zurück, um der Windkraft entgegenzuwirken, die das Segel schwerer werden läßt, als es eigentlich ist.

HÄNDE
Lassen Sie die hintere Hand los. Der vordere Arm bleibt leicht gebeugt. Halten Sie das Rigg 90 Grad zum Board.

SCHRITT ZURÜCK
Treten Sie einen Schritt zurück, so daß der hintere Fuß auf dem Schwertkasten auf der Brettmittellinie steht.

FÜSSE
Der vordere Fuß zeigt jetzt nach vorne, wobei die Zehen so nah wie möglich am Mastfuß stehen.

3. Schritt

DAS RIGG IM GLEICHGEWICHT

Das ganze Geheimnis ist jetzt, das Rigg an Ihrem Körper vorbei so weit nach **Luv** (in den Wind) zu ziehen, bis es fast von allein stehenbleibt, also im Gleichgewicht ist.

RIGG
Je stärker der Wind bläst, desto weiter müssen Sie das Rigg an Ihrem Körper vorbeiziehen.

OBERKÖRPER DREHT MIT
Während Sie das Rigg nach Luv ziehen, drehen Kopf und Oberkörper nach vorne in Fahrtrichtung. Halten Sie Schultern und Hüfte parallel zum Segel, der vordere Arm ist immer noch gestreckt.

BALANCE
Versuchen Sie, am Punkt des Gleichgewichts das Segel einen kurzen Moment lang loszulassen, ohne daß es umfällt.

SEGELFENSTER
In dieser Stellung können Sie den vorderen Teil des Boards durch das Segelfenster sehen.

KAPITEL

5

───────── 4. Schritt ─────────

HAND AM GABELBAUM

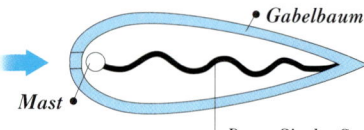

Sie legen
nun die hintere
Hand auf Höhe der
hinteren Schulter auf
den Gabelbaum.

HINTERE HAND
Wenn Sie durchs Segelfenster
blicken, sehen Sie, wo Sie sich
befinden. Denken Sie daran: Die
hintere Hand liegt möglichst auf
Höhe der hinteren Schulter ganz
leicht auf dem Gabelbaum.

Gabelbaum

Mast

• *Bevor Sie das Segel
dichtholen, flattert es
wie eine Fahne im
Wind.*

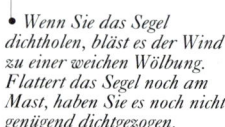

• *Wenn Sie das Segel
dichtholen, bläst es der Wind
zu einer weichen Wölbung.
Flattert das Segel noch am
Mast, haben Sie es noch nicht
genügend dichtgezogen.*

GABELBAUM •
Die Stellung des Gabelbaums
hängt davon ab, wie weit Sie das
Rigg nach Luv gezogen haben.

HÄNDE •
Die vordere Hand bleibt am
Mast, die hintere Hand am
Gabelbaum. Sie brauchen übri-
gens nicht so fest zu greifen.
Bleiben Sie so entspannt wie
möglich, dann werden Sie auch
keinen Muskelkater bekommen.

FÜSSE •
Der vordere Fuß, der ja nach vorne
zeigt, verhindert, daß Sie nach vorn
gezogen werden. Der hintere Fuß,
der quer auf der Brettmitte steht, hält
dem seitlichen Zug stand.

• LOCKER
BLEIBEN
Die Füße stehen im
rechten Winkel
zueinander. Die
Beine sind ganz
entspannt, die Knie
leicht gebeugt.
Solange noch kein
Wind im Segel ist,
halten Sie Ihr
Körpergewicht über
der Brettmitte.

GO FOR IT

Vielleicht haben Sie es schon mal gehört: „Go for it" ist ein typischer Ausdruck, mit dem sich die Windsurfer zu Mut und Entschlossenheit motivieren. Go for it kommt aus dem Windsurf-Mekka Hawaii und heißt soviel wie „Pack's an". Riesige Sprünge und sogar Salti haben Top-Windsurfer geschafft, die immer auf der Suche nach ihren körperlichen Grenzen waren. Egal auf welchem Level Sie sich befinden, eine positive Einstellung ist ganz wichtig. Vor allem dann, wenn Sie einen neuen Bewegungsablauf das erste Mal ausprobieren. Viele schaffen diesen ersten Start nicht, weil sie einfach zu sehr zögern und nicht bereit sind, genügend Körpergewicht ans Rigg zu hängen, wenn sie das Segel dichtholen. Behalten Sie die Nerven, der Wind trägt Sie, obwohl Sie ihn nicht sehen können. Also: Go for it – packen Sie's an, lehnen Sie sich beherzt zurück und genießen Sie die erste Fahrt.

5. Schritt

DICHTHOLEN

Jetzt füllt sich das Segel mit Wind. Ziehen Sie es langsam mit der hinteren Hand zu sich heran. Sie fühlen, wie der Segeldruck langsam zunimmt.

MAST
Jetzt steht der Mast aufrecht, und Sie können den Bug des Boards hinter dem Mast sehen.

KOPF
Halten Sie den Kopf hoch und blicken Sie immer in Fahrtrichtung. Widerstehen Sie der Versuchung, auf Ihre Hände zu schauen.

AUFFIEREN
Ändert sich die Windstärke, sind nur kleine Veränderungen des Segels im Winkel zum Wind nötig. Wird der Wind zu stark, drücken Sie mit der hinteren Hand das Segel von sich weg (**auffieren**), damit der Druck nachläßt.

SCHULTERN
Drehen Sie die Schultern, damit sie immer parallel zum Segel stehen.

FÜSSE
Sobald sich das Segel mit Wind füllt, verlagern Sie Ihr Körpergewicht weg vom Segel auf den hinteren Fuß. Halten Sie das vordere Bein gestreckt und ziehen Sie den Po ein, damit Ihr Körper und der Mast eine Art „V" bilden.

───── 6. Schritt ─────

LOSSURFEN

Wenn Sie Fahrt aufnehmen, greifen Sie mit der vorderen Hand vom Mast an den Gabelbaum. Sie brauchen sich hierbei jedoch nicht zu beeilen, weil Sie ohne weiteres sehr gut auch mit einer Hand am Mast surfen können.

GEGEN DEN WIND
Wenn Sie Fahrt aufgenommen haben, setzen Sie Ihr Körpergewicht und die Arme ein, um die Windkraft im Segel zu kontrollieren.

HALTUNG •
Die Haltung bleibt die gleiche wie beim Start. Sobald der Wind zunimmt, bringen Sie mehr Gewicht auf den hinteren Fuß und lehnen sich zurück, um die Kraft im Segel kontrollieren zu können.

───── *STABILITÄT* ─────

Sobald die Geschwindigkeit zunimmt, stabilisiert sich das Board, und Sie fühlen sich sicherer.

• SEGEL
Das Segel ist nun ganz mit Wind gefüllt.

• HÄNDE
Erinnern Sie sich, daß Sie den Segeldruck verringern können, indem Sie das Segel mit der hinteren Hand leicht **auffieren.** Umgekehrt nimmt die Kraft zu, wenn Sie das Segel **dichtholen.**

ZU VIEL WIND
Wenn der Wind so stark wird, daß Sie das Segel nicht mehr halten können, lassen Sie mit der hinteren Hand den Gabelbaum los, um den Wind aus dem Segel herauszulassen.

GEFÜHL FÜR DEN WIND

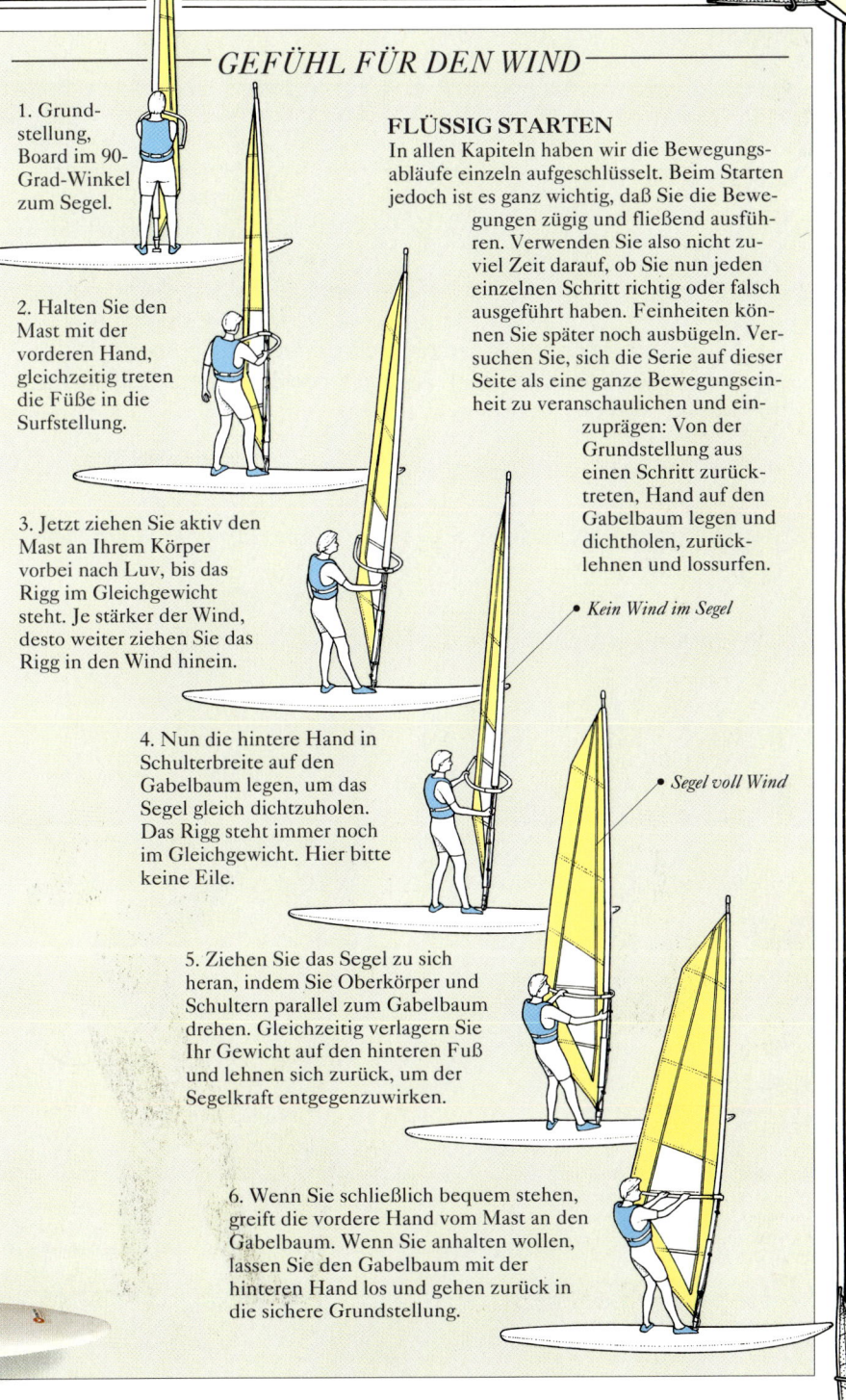

1. Grund-stellung, Board im 90-Grad-Winkel zum Segel.

2. Halten Sie den Mast mit der vorderen Hand, gleichzeitig treten die Füße in die Surfstellung.

3. Jetzt ziehen Sie aktiv den Mast an Ihrem Körper vorbei nach Luv, bis das Rigg im Gleichgewicht steht. Je stärker der Wind, desto weiter ziehen Sie das Rigg in den Wind hinein.

4. Nun die hintere Hand in Schulterbreite auf den Gabelbaum legen, um das Segel gleich dichtzuholen. Das Rigg steht immer noch im Gleichgewicht. Hier bitte keine Eile.

5. Ziehen Sie das Segel zu sich heran, indem Sie Oberkörper und Schultern parallel zum Gabelbaum drehen. Gleichzeitig verlagern Sie Ihr Gewicht auf den hinteren Fuß und lehnen sich zurück, um der Segelkraft entgegenzuwirken.

6. Wenn Sie schließlich bequem stehen, greift die vordere Hand vom Mast an den Gabelbaum. Wenn Sie anhalten wollen, lassen Sie den Gabelbaum mit der hinteren Hand los und gehen zurück in die sichere Grundstellung.

FLÜSSIG STARTEN

In allen Kapiteln haben wir die Bewegungs-abläufe einzeln aufgeschlüsselt. Beim Starten jedoch ist es ganz wichtig, daß Sie die Bewegungen zügig und fließend ausführen. Verwenden Sie also nicht zuviel Zeit darauf, ob Sie nun jeden einzelnen Schritt richtig oder falsch ausgeführt haben. Feinheiten können Sie später noch ausbügeln. Versuchen Sie, sich die Serie auf dieser Seite als eine ganze Bewegungseinheit zu veranschaulichen und einzuprägen: Von der Grundstellung aus einen Schritt zurücktreten, Hand auf den Gabelbaum legen und dichtholen, zurücklehnen und lossurfen.

• *Kein Wind im Segel*

• *Segel voll Wind*

KAPITEL

6

STEUERN

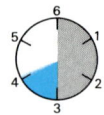

Definition: *Auf einem Kurs kleine Richtungsänderungen surfen*

Gratulation: Bis jetzt können Sie die Windkraft in Ihrem Segel kontrollieren und auf Halbwindkurs in eine Richtung fahren, stoppen, drehen und zurücksurfen. Manchmal jedoch müssen Sie von Ihrem Kurs abweichen, zum Beispiel um Bojen oder anderen Segelfahrzeugen auszuweichen. Sie lernen jetzt nach rechts und links zu surfen, und Sie werden merken, daß bei diesen Kursänderungen die Ihnen schon bekannten Segelprinzipien wieder auftauchen.

ZIEL: Die Fahrtrichtung durch Kippen des Riggs verändern. *Bewertung* ● ● ●

───── 1. Schritt ─────

STARTEN

Suchen Sie sich aus der Grundstellung heraus ein Ziel, das quer zum Wind liegt, starten Sie und surfen Sie auf Ihr Ziel zu.

NEUES ZIEL
Von Ihrem ursprünglichen Ziel suchen Sie sich jetzt einen neuen Markierungspunkt, der etwas mehr in Windrichtung liegt als Ihr erstes Ziel.

HALTUNG
Die Schultern sind parallel zum Gabelbaum und die Arme leicht gebeugt. Achten Sie darauf, daß sich die Hände fast direkt über den Füßen befinden.

KNIE ●
Die Knie sind beim Starten leicht gebeugt.

KURSÄNDERUNG
Richten Sie Ihr Ziel so ein, daß Sie Ihren Kurs nicht mehr als 20 Grad ändern müssen.

STEUERN

FAHRSTELLUNG
Während der Fahrt sollte
der Gabelbaum parallel
zum Wasser stehen.

ANLUVEN
Neigen Sie das Gabel-
baumende Richtung
Wasser.

ABFALLEN
Lehnen Sie den Mast zum
Wasser, das Gabelbaum-
ende zeigt nach oben.

2. Schritt
IN DEN WIND

Sie
wollen
Ihre Fahrt-
richtung mehr zum Wind hin
ändern, das heißt **anluven.**
Dabei lehnen Sie das Rigg zum

MAST
Der Mast wird
zum Heck
gekippt. Sie
dürfen ihn
jedoch nicht
loslassen.

HINTERE HAND
Strecken Sie den hin-
teren Arm. Vorsicht:
Nicht zu weit mit der
hinteren Hand nach
hinten greifen,
sonst verlieren Sie
Druck im Segel.

ARME
Beugen Sie den vorderen Arm,
halten Sie den Gabelbaum nahe
an Ihrer Brust.

SEGEL
Kippen Sie das
Segel behutsam, um
ein zu abruptes An-
luven zu vermeiden.

FÜSSE
Behalten Sie Ihre Fußposition
bei. Das Hauptgewicht liegt auf
dem hinteren Fuß.

WIND
Obwohl Sie die Fahrtrichtung ändern, sollte das Segel immer mit
Wind gefüllt sein. Das Segel steht
also im gleichen Winkel zum Wind,
während das Board unter Ihnen seine
Richtung ändert.

KAPITEL

6

3. Schritt
KURS HALTEN

Wenn Sie jetzt
Ihr neues Ziel
anvisiert haben, stoppen Sie
mit dem Rigg-Neigen und
gehen wieder in die normale
Surfposition zurück.

RIGG •
Hat das Board in die neue Richtung gedreht, ist der Winkel zwischen Rigg und Board entscheidend. Nehmen Sie das Segel mit
der hinteren Hand leicht dicht.

• BOARD
Der Bug des Boards hat gegen den
Wind gedreht, und Sie surfen jetzt
näher an der **toten Zone,** das heißt,
Sie surfen härter am Wind oder auf
Amwindkurs.

4. Schritt
WEG VOM WIND

Um vom
Wind weg-
zudrehen, man nennt das
abfallen, kehrt sich der
Prozeß um. Suchen Sie sich ein
neues Ziel vom Wind weg, auf das
Sie demnächst zusteuern werden.

MEHR POWER •
Ziehen Sie das Rigg quer an Ihrem
Körper vorbei. Der Segeldruck
wird zunehmen. Deshalb: Knie
beugen und den Körperschwerpunkt möglichst tief halten.

BOARD •
Die Brett-
spitze dreht
vom Wind
weg, sobald
Sie das Rigg
leicht nach
vorne kippen.

RIGG WIEDER AUFRICHTEN

Nachdem Sie Ihren neuen Kurs eingenommen haben, richten Sie das Rigg wieder auf, damit das Brett nicht noch weiter dreht.

RIGG •
Sie haben das Rigg wieder in seine aufrechte Position gebracht, der Gabelbaum zeigt wieder parallel zum Wasser.

HALTUNG •
Bei jeder Richtungsänderung ändert sich auch die Körperhaltung etwas. Je nach Bedarf verlagern Sie Ihr Körpergewicht vom vorderen aufs hintere Bein.

• ZURÜCK
Noch einmal: Lehnen Sie sich aktiv gegen den Segeldruck zurück.

AUFFIEREN
Sobald das Board vom Wind abgedreht hat, also abgefallen ist, fieren Sie mit der hinteren Hand das Segel leicht auf, bis es im richtigen Winkel zum Wind steht.

ARME
Der vordere Arm ist gestreckt, der hintere Arm zieht den Gabelbaum zur Brust.

STEUERPRINZIP

RIGG NACH VORNE
Der am Segel entlangströmende Wind erzeugt eine Kraft, die am **Segeldruckpunkt** angreift. Liegt der Segeldruckpunkt vor dem **Lateraldruckpunkt** (der Punkt, auf dem sich alle auf das Board wirkenden Kräfte vereinigen), dreht das Board vom Wind weg.

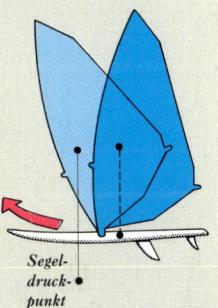

Segeldruckpunkt

RIGG NACH HINTEN
Umgekehrt dreht die Brettspitze in den Wind hinein, wenn man durch Zurücklehnen des Riggs den Segeldruckpunkt hinter den Lateraldruckpunkt bringt.

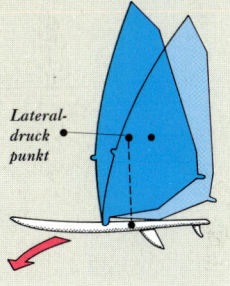

Lateraldruck punkt

KAPITEL

7 DIE RICHTIGE KÖRPERHALTUNG

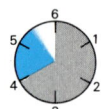

Definition: *Leichter surfen mit effektivem Körpereinsatz*

Die richtige Körperhaltung auf dem Board ist ganz entscheidend für Ihren Lernerfolg, aber auch für Ihren Spaß dabei. Sie sollten sich so schnell wie möglich eine bequeme und entspannte Haltung auf dem Board aneignen. Ganz am Anfang können Sie sich mit ein paar Haltungsfehlern auf dem Brett noch so durchschmuggeln. In den folgenden Kapiteln jedoch rächen sich eingeschlichene Fehler –, Sie benötigen mehr Zeit, die Technik zu lernen. Mit der richtigen Körperhaltung können Sie außerdem den Segeldruck viel leichter halten, schneller surfen und auch stärkeren Wind leichter bewältigen.

ZIEL: Wie stehe und bewege ich mich auf dem Board, um effizient und kraftsparend zu surfen? *Bewertung:* ●●●

HALTUNG

Die Grundhaltung bleibt auf allen Kursen von Amwind- bis Raumschot-kurs immer die gleiche.

● KOPF
Blicken Sie über die vordere Schulter auf Ihr Fahrtziel. Nur wenn Sie nicht auf Ihre Füße schauen, vermeiden Sie den Katzenbuckel und eventuell auch Kollisionen mit anderen Wassersportlern.

● SCHULTERN
Die Schultern bleiben parallel zum Gabelbaum, die Arme leicht gebeugt.

● GESÄSS
Der Rücken bleibt gerade, der Po eingezogen, und die Hüfte schieben Sie nach vorne. Lassen Sie zwischen sich und dem Rigg Platz, um besser auf Windänderungen reagieren zu können.

● BEINE
Knie und Fußgelenke sollten flexibel auf die Brett-bewegungen reagieren.

KRÄFTEGLEICHGEWICHT

Schultern und Hüfte sind immer
parallel zum Gabelbaum, so daß Sie
in entgegengesetzter Richtung zum
Segeldruck ziehen können.

SEGELTRIMM •
Das Segel sollte so
stehen, daß es immer
maximal mit Wind ge-
füllt ist. Sobald der vordere Teil des Segels
zu flattern be-
ginnt, nehmen
Sie das Segel
leicht
dicht.

• **SCHULTERN**
Wenn Sie den
Winkel des Segels
zum Wind ändern,
drehen die Schultern
mit, und die Arme
sind gebeugt.

ARME •
Die Arme sind aber nur leicht
gebeugt, die Hände liegen schulterbreit
auf dem Gabelbaum, und zwar im gleichen
Abstand links und rechts vom Segeldruckpunkt.

HAND UND FUSS

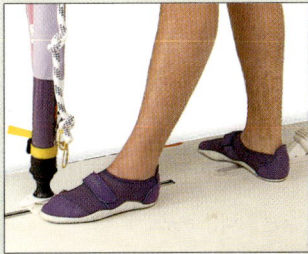

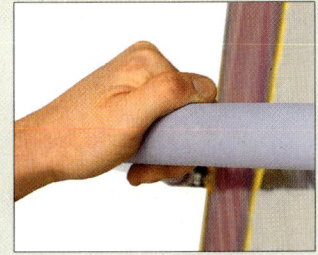

FÜSSE
Die Füße stehen schulterbreit; der
vordere Fuß zeigt nach vorne, während
der hintere Fuß quer über der
Brettmitte steht.

HÄNDE
Umklammern Sie den Gabelbaum
nicht krampfhaft, sondern legen Sie
die Hände locker auf, um den be-
rüchtigten „langen Armen" vorzubeu-
gen. Entspannen Sie die Finger.

KAPITEL

8 RÜCKKEHR ZUM STRAND

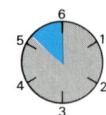

Definition: *Mit dem Board ans Ufer zurücksurfen*

Nachdem Sie am Strand nun jedermann mit Ihren ersten Startversuchen beeindruckt haben, wollen Sie sicher nicht zum Strand zurückkommen, mit Karacho ins seichte Wasser oder auf die Steine knallen und mit dem Gesicht im Schlamm landen. Nur zu oft ist das Anlanden am Ufer ein ungeplanter Platscher, alles wird ohne Rücksicht auf Verluste einfach fallengelassen. Dabei gibt es nur ein paar Kleinigkeiten zu beachten, und die Landung klappt so gut wie der Start. Es gibt zwei Möglichkeiten, um elegant und sicher und mit wenig Kraftaufwand wieder festen Boden unter den Füßen zu bekommen. Jede hat ihre Vorteile.

ZIEL: Ans Ufer zurücksurfen, Segel fallen lassen, absteigen, Brett und Rigg an Land tragen. *Bewertung:* • •

RÜCKEN •
Um im Gleichgewicht zu stehen, lehnen Sie sich nicht zu weit über. Halten Sie den Rücken gerade.

———————— 1. Schritt————————

HALBWINDKURS

Suchen Sie sich einen Landepunkt aus, wo der Wind möglichst parallel zum Ufer bläst. Denn so können Sie auf Halbwindkurs reinsurfen und gleichzeitig die Geschwindigkeit und die Richtung leichter kontrollieren.

• **SEGEL SENKEN**
Wenn Sie ins seichte Wasser kommen, nehmen Sie wieder die sichere Grundstellung ein und lassen das Rigg langsam ins Wasser gleiten.

ABSTEIGEN
Während Sie absteigen, halten Sie
Ihr Körpergewicht immer noch
über der Brettmitte. Steigen Sie
vorsichtig ab, um sich
auf dem Grund
nicht zu
verletzen.

2. Schritt

RIGG AUSKLINKEN

Klinken Sie das Rigg aus dem Brett
und tragen Sie zuerst das Brett aus dem
Wasser, da es sonst zu schnell abtreibt.
Beim Tragen des Riggs zeigt der Mast
immer quer zum Wind.

HÄNDE
Plazieren Sie die Hände links
und rechts vom Mastfuß auf
der Brettmitte, um das
Gleichgewicht zu halten.

RIGG
Ziehen Sie den Mastfuß aus
der Schiene und lassen Sie das
Rigg schwimmen, bis Sie das
Board an Land gebracht haben.

DIE ELEGANTE LANDUNG

RÜCKWÄRTS RAUS
Mit etwas Übung können Sie Brett und Rigg
zusammen ans Ufer bringen. Sobald Sie an
Land kommen, steigen Sie ab und richten
das Brett so aus, daß der Bug vom Ufer
weg zeigt und das Rigg auf der Leeseite
des Boards steht. Halten Sie das Rigg nun
mit der vorderen Hand am Mast
knapp über dem Gabelbaum und
lassen Sie das Segel im Wind flattern,
damit kein Druck mehr im Segel ist.
Dann heben Sie das Heck des Boards
an und gehen langsam rückwärts aus
dem Wasser.

CRASH-LANDUNG
Wenn Sie nicht sicher sind, welcher
Untergrund Sie beim Landen erwartet,
versuchen Sie, die letzten Meter
möglichst langsam zu surfen (Segel
auffieren). Wenn das Schwert nämlich
bei hohem Tempo plötzlich am Grund
schleift, stoppt das Brett plötzlich, Sie
fliegen über die Brettspitze ins Wasser.
Schwert und Finne sind besonders
bruchgefährdet.

KREUZEN

9

Definition: *Hart am Wind segeln und Höhe laufen*

Bis jetzt können Sie auf Halbwindkurs in eine Richtung und wieder zurück surfen und auch schon kleine Richtungsänderungen fahren. Das ist jedoch nur ein kleiner Teil der Fahrtmöglichkeiten auf dem Wasser. Nehmen Sie an, Ihr Ziel liegt diesmal vom Startpunkt aus gesehen direkt in Windrichtung. Wir wissen, daß es unmöglich ist, direkt geradeaus gegen den Wind zu surfen. Statt dessen müssen wir uns unserem Ziel in Etappen nähern, indem wir zuerst auf der einen Seite so hart (nah) wie möglich am Wind surfen, durch die tote Zone drehen, um dann auf der anderen Segelseite wieder „einen Schlag" zu fahren. Diesen Zickzackkurs nennt man auch **Kreuzen** oder Kreuzkurs.

ZIEL: Ein direkt im Wind gelegenes Ziel ansteuern. *Bewertung* •••••

ZIEL IM WIND
Von der Grundstellung aus suchen Sie sich ein Ziel direkt hinter Ihnen und surfen dann auf Halbwindkurs los.

---------- 1. Schritt ----------

ZIEL ANVISIEREN

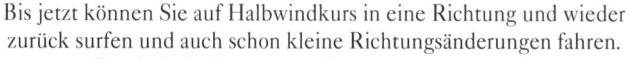

Suchen Sie sich zuerst wieder einen Markierungspunkt, der genau in Windrichtung liegt. Wenn Sie sich in der Grundstellung befinden, liegt dieses Ziel hinter Ihnen.

• **HÄNDE**
Denken Sie daran, den Gabelbaum nicht zu fest zu umklammern, das ermüdet Ihre Muskeln schneller. Wenn Sie zu angespannt sind, werden Ihre Bewegungen steif und ungeschickt.

HALTUNG •
Lehnen Sie sich leicht zurück, um dem Segeldruck entgegenzuwirken. Halten Sie den Rücken gerade und schauen Sie nach vorne.

• **GEWICHT**
Der vordere Fuß steht neben dem Mastfuß und zeigt nach vorne. Ihr Gewicht liegt mehr auf dem hinteren Fuß, der auf der Brettmitte steht.

2. Schritt

KURS ÄNDERN

Ändern Sie nun die Fahrtrichtung, indem Sie das Rigg nach hinten zum Heck neigen: Sie ziehen es quer an Ihrem Körper vorbei. Jetzt dreht das Brett zum Wind hin. Diese Kursänderung sollte vorläufig nur ganz leicht ausfallen.

RIGG •
Lehnen Sie das Rigg nach hinten aufs Board, so daß das Gabelbaumende fast das Wasser berührt. Beugen Sie den vorderen Arm, um den Gabelbaum nahe an Ihrer Brust zu halten, und strecken Sie den hinteren Arm durch.

• AUGEN
Das Brett dreht jetzt unter dem Segel. Richten Sie den Blick auf Ihr Ziel, bis das Brett in die gewünschte Richtung gedreht hat.

• SEGEL
Halten Sie den Winddruck im Segel konstant, indem Sie das Rigg dem Windwinkel anpassen: Die hintere Hand zieht das Rigg an, um so nah wie möglich an der Kante der toten Zone surfen zu können.

DICHTHOLEN
Um die Drehung des Boards zu stoppen, nehmen Sie das Rigg wieder in normale Segelstellung zurück und holen mit der hinteren Hand langsam dicht, so daß das Segel im richtigen Winkel zum Wind steht.

• BOARD
Verringert sich die Geschwindigkeit, haben Sie wohl versucht, zu nah am Wind zu surfen. Neigen Sie dann das Rigg leicht nach vorn und fieren Sie mit der hinteren Hand etwas auf, um wieder aus dem Wind herauszudrehen und mehr Fahrt aufzunehmen.

3. Schritt

SEGEL AUFRICHTEN

Sobald Sie sich auf dem neuen Kurs befinden, richten Sie das Rigg wieder auf und nehmen die normale Segelstellung ein.

• SEGEL
Wenn der vordere Teil des Segels zu flattern beginnt, müssen Sie das Segel dichter ziehen. Befindet sich das Gabelbaumende schon über dem Heck und flattert das Segel noch immer, segeln Sie auch hier zu nahe an der toten Zone.

KAPITEL

9

AM WIND

Obwohl Sie jetzt auf
Amwindkurs surfen,
müssen Sie drehen
und auf der anderen
Seite der toten Zone weitersurfen,
um Ihr Fahrtziel zu erreichen.

SEGEL AUFFIEREN

Kehren Sie in die Grundstellung zurück und
drehen Sie das Board durch den Wind, indem
Sie das Rigg nach hinten Richtung Heck
neigen. Der Schwung, den Sie aus der Fahrt
heraus noch haben, wird die Stabilität erhöhen
und dazu beitragen, daß das Brett gut dreht.

FÜSSE

Halten Sie Ihren Körper parallel zum Mast
und treten Sie in kleinen Schritten ganz
nah am Mastfuß um den Mast herum.
Erinnern Sie sich: Je weiter Sie das Rigg
nach hinten lehnen, desto schneller wird
das Brett unter Ihnen drehen.

BOARD

Die Brettspitze dreht
jetzt durch die tote Zone,
bis Sie auf dem anderen **Bug**
(Segelseite) wieder die sichere
Grundstellung erreicht haben.

GRUNDSTELLUNG

Wenn Sie die Grund-
stellung auf der neuen
Segelseite eingenommen
haben, liegt Ihr Ziel-
punkt wieder in Fahrt-
richtung im Wind.

OBER-KÖRPER

Halten Sie
den Rücken
gerade. Die
Hände greifen
nun besser an
den Mast als an
den Gabelbaum.
Stehen Sie
entspannt.

KLEINE PAUSE

Sie sind noch nicht bei einer
Regatta. Deshalb: Nehmen Sie
sich in der Grundstellung soviel
Zeit wie Sie brauchen, um
wieder neue Kraft für den
nächsten „Schlag" (die nächste
Kreuzfahrt) zu schöpfen.

BEINE

Ihre Füße stehen
schulterbreit links
und rechts vom
Mastfuß. Die Knie
sind leicht gebeugt,
Gewicht wie immer
über der Brettmitte.

BRETTDREHUNG

Die Brettspitze zeigt
nun fast in die entge-
gengesetzte Richtung von
Ihrer ursprünglichen Startposition.

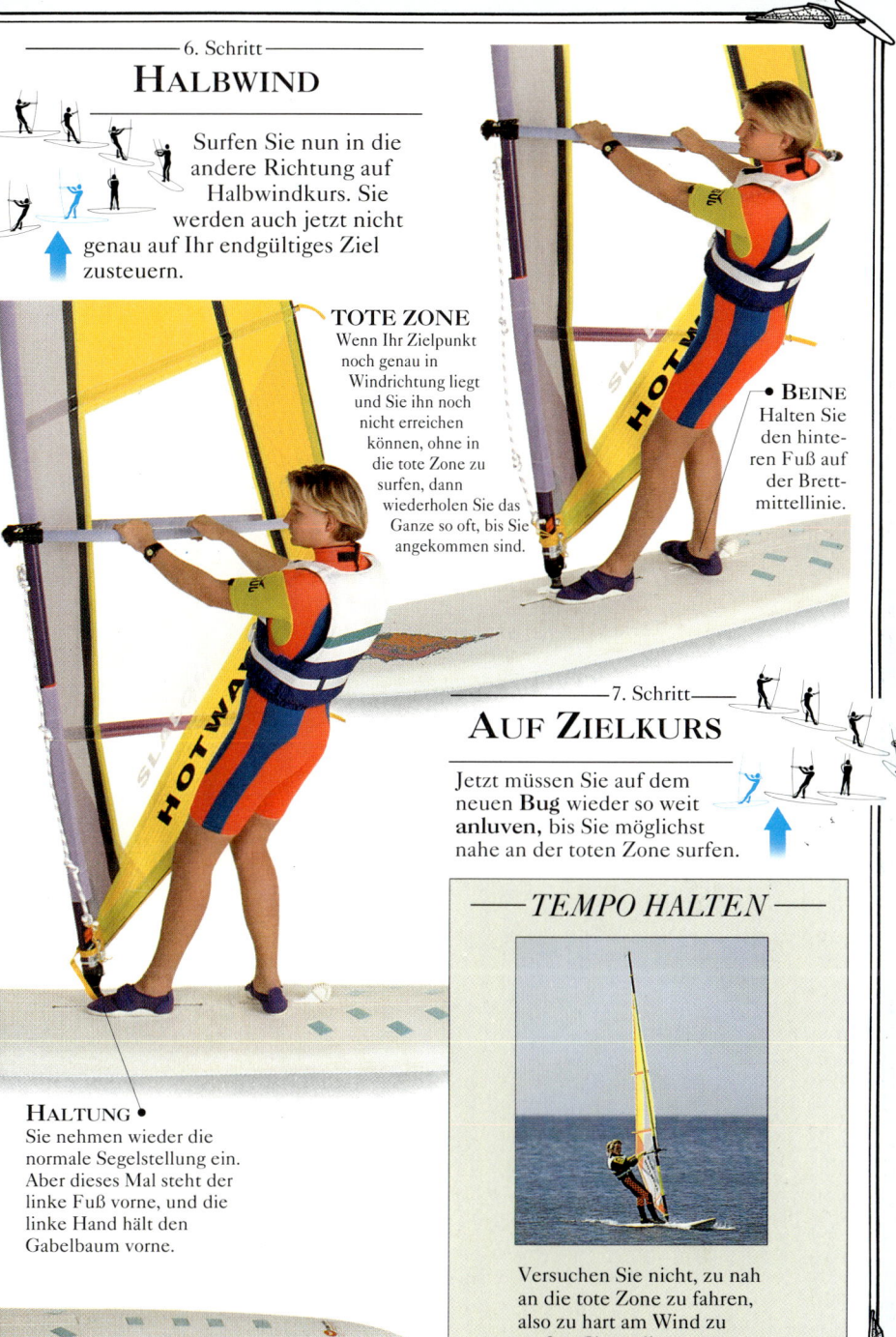

6. Schritt
HALBWIND

Surfen Sie nun in die andere Richtung auf Halbwindkurs. Sie werden auch jetzt nicht genau auf Ihr endgültiges Ziel zusteuern.

TOTE ZONE
Wenn Ihr Zielpunkt noch genau in Windrichtung liegt und Sie ihn noch nicht erreichen können, ohne in die tote Zone zu surfen, dann wiederholen Sie das Ganze so oft, bis Sie angekommen sind.

BEINE
Halten Sie den hinteren Fuß auf der Brettmittellinie.

7. Schritt
AUF ZIELKURS

Jetzt müssen Sie auf dem neuen **Bug** wieder so weit **anluven,** bis Sie möglichst nahe an der toten Zone surfen.

HALTUNG
Sie nehmen wieder die normale Segelstellung ein. Aber dieses Mal steht der linke Fuß vorne, und die linke Hand hält den Gabelbaum vorne.

TEMPO HALTEN

Versuchen Sie nicht, zu nah an die tote Zone zu fahren, also zu hart am Wind zu surfen. Sie verlieren sonst wertvolle Geschwindigkeit.

KAPITEL

10

WENDEN

Definition: *Mit dem Bug durch den Wind drehen*

Immer wenn Sie in die Grundstellung zurückkehren, um zu drehen, verlieren Sie die ganze Fahrt, und das Drehmanöver wird Ihnen bald zu langwierig und umständlich. Die **Wende** ist eine Methode, das Brett surfend zu drehen. Denn wenn das Segel ständig mit Wind gefüllt bleibt, bewegt sich das Brett vorwärts und ist somit viel stabiler. So wird das Drehen von der einen auf die andere Segelseite sicherer und weniger zeitraubend.

ZIEL: Die 180-Grad-Drehung zur Wende weiterentwickeln. *Bewertung:* • • • • •

---

1. Schritt

AM WIND

Fahren Sie zunächst nahe der toten Zone auf Amwindkurs.

ZEIT ZU WENDEN
Eine gute Wende zu lernen bedeutet: viel Zeit auf dem Wasser verbringen. Erwarten Sie nicht, daß Ihnen die Wende beim ersten Mal schon gleich flüssig gelingt. Haben Sie sie jedoch einmal geschafft, ist dieses Kapitel ein großer Schritt vorwärts in Ihrer Surfkarriere.

SEGEL •
Erinnern Sie sich, daß der Gabelbaum möglichst über die Brettmittellinie gezogen wird, damit auf Amwindkurs das Segel stets mit Wind gefüllt ist.

DICHTHOLEN •
Um die Power im Segel zu halten, muß es möglichst bis zur Brettmitte dichtgeholt werden. Wenn der vordere Teil flattert, holen Sie noch mehr dicht.

HALTUNG •
Für elegantes Aussehen, aber auch für die bessere Balance, halten Sie den Rücken während des Surfens so gerade wie möglich.

FÜSSE •
Der vordere Fuß steht immer nah am Mastfuß.

2. Schritt

IN DEN WIND DREHEN

Um die Wende einzuleiten, neigen
Sie das Rigg nach hinten zum
Heck des Boards. Dabei nehmen
Sie das Segel leicht dicht, um den
Segeldruck und damit die
Fahrtgeschwindigkeit zu halten. Das
Board dreht dann in den Wind hinein.

ARME •
Der hintere Arm ist gestreckt,
der vordere gebeugt, wenn
Sie das Rigg an Ihrem Körper
vorbeiziehen. Schauen Sie
weiterhin geradeaus.

FÜSSE •
Das Gewicht wird auf den
hinteren Fuß verlagert, welcher
Druck auf die Leekante des
Boards ausübt, um die
Brettdrehung zu unterstützen.

3. Schritt

SEITENWECHSEL

Wenn Sie das Rigg
zurücklehnen, dreht das Board in
den Wind. In der toten Zone,
wenn der Wind also genau von
vorne kommt, verliert das
Segel den Druck und ist
plötzlich viel leichter zu halten.

TIMING
Das Erfolgsre-
zept für eine gu-
te Wende ist das
richtige Timing,
das heißt, man
muß im richti-
gen Moment um
den Mast treten.

• **GABEL-
BAUM**
Das Gabel-
baumende ist
jetzt fast über der
Brettmitte, um
möglichst viel
Druck im Segel zu
halten.

KNIE •
Gehen Sie
ein wenig in
die Knie,
halten Sie
Ihren Körper-
schwerpunkt
tief und über
der Brettmitte.

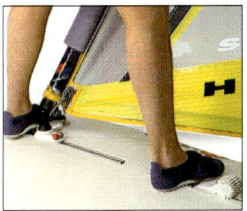

FUSSARBEIT
Der vordere Fuß tritt jetzt
direkt vor den Mastfuß
und zeigt quer zum Brett.

KAPITEL

10

───── 4. Schritt ─────
SCHNELLER SCHRITT

Den nächsten Schritt sollten Sie schnell und flüssig ausführen. Wenn das Brett durch den Wind dreht, greift die hintere Hand an den Mast, und Sie treten vor dem Segel um den Mast herum auf die andere Brettseite.

• RIGG NACH VORN
Kontrollieren Sie das Rigg mit der neuen **Masthand** (vordere Hand), indem Sie es nach vorne ziehen, so daß das Brett jetzt weiterdreht und wieder vom Wind abfällt. Vielleicht ist es für Sie einfacher, die hintere Hand (**Segelhand**) loszulassen, um die Balance besser halten zu können.

• UNSICHERE POSITION
Halten Sie das Gewicht über der Brettmitte, damit das Brett flach auf dem Wasser liegt. Jetzt, da Brett und Rigg parallel zueinander stehen und keine Kraft das Brett vorantreibt, befinden Sie sich in einer sehr kippeligen Position – das Brett wackelt gehörig unter Ihnen. Mit zunehmender Übung werden Sie diese instabile Phase jedoch schnell unter Kontrolle bekommen.

───── 5. Schritt ─────
SEGELWECHSEL

Indem Sie das Rigg weiter nach vorne neigen, drehen Sie weiter vom Wind weg. Am Anfang fallen Sie so weit ab, bis Sie sich auf neuem Halbwindkurs befinden.

HALTUNG •
Die Füße sind in der normalen Surfstellung, bis Sie das neue Gleichgewicht gefunden haben.

SICHER WENDEN

Neigen Sie das Rigg nach vorne zur Brettspitze.

IM GLEICHGEWICHT

Bis jetzt sind wir immer wieder in die Grundstellung zurückgekehrt, bei der das Segel im rechten Winkel zum Brett steht. Doch manchmal ist es sinnvoller, ein Manöver zu beginnen, ohne jedesmal vorher die Grundstellung einzunehmen. Die Wende ist so ein Manöver. Es ist nach einer Wende sogar einfacher, gleich auf Amwindkurs weiterzusurfen. Dabei gelten dieselben Regeln. Trotzdem müssen Sie sich vergewissern, daß das Rigg im Gleichgewicht steht, und daß Sie Ihr Körpergewicht tief halten, wenn Sie das Segel dichtholen. Auf diese Weise machen Sie viel schnellere Fortschritte.

---

6. Schritt

WEITERSURFEN

Sie können jetzt auf Halbwindkurs in der normalen Surfhaltung weiterfahren. Von diesem leichten Kurs aus luven Sie dann langsam wieder auf Amwindkurs an, um die nächste Wende einzuleiten.

HALTUNG •
Wenn Sie das Segel dichtgeholt haben und das Segel wieder vollen Druck hat, lehnen Sie sich gegen diesen Zug zurück und nehmen Ihre normale Surfposition ein.

POSITIV DENKEN
Bei der Wende gilt es, den Augenblick ohne Wind im Segel so kurz wie möglich zu halten. Also: Zögern Sie nicht und ziehen Sie das Rigg aktiv nach Luv, Sie schaffen es!

FÜSSE •
Achten Sie darauf, daß die Füße jetzt wieder auf der Brettmitte stehen.

• BRETT
Die Brettspitze zeigt jetzt wieder quer zum Wind. Nun haben Sie sicher schon mehr Standfestigkeit und können locker und bequem auf diesem Kurs weitersurfen.

KAPITEL

11 RAUMSCHOT- UND VORWINDKURS

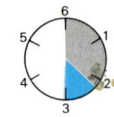

Definition: *Vom Wind wegsurfen*

Vielleicht denken Sie, direkt vor dem Wind zu surfen ist am einfachsten, weil der Wind einen von hinten „anschiebt" und es keine seitliche Querkraft mehr gibt. Ihr Segel ist jedoch so konstruiert, daß der Wind von der Seite

hineinbläst und nicht direkt von hinten. Gerade weil man hier nicht der Querkraft entgegenwirken muß, gilt es auf Vorwindkurs eine andere Surfhaltung einzunehmen.

ZIEL: Abfallen, bis man direkt vor dem Wind surft. *Bewertung:* ••••

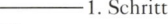

1. Schritt

HALBWINDKURS

Starten Sie auf Halbwindkurs quer zum Wind. Und checken Sie Ihre Haltung auf dem Brett durch, bevor Sie mit dem neuen Kapitel beginnen.

GUTER START
Es ist ratsam, auf dem leichteren Halbwindkurs zu starten, um Zeit zu gewinnen und sich auf den neuen Kurs in Ruhe vorbereiten zu können.

• HÜFTE
Wenn eine Bö (ein plötzlicher Windstoß) kommt, ziehen Sie die Hüfte vom Rigg weg, um dem zunehmenden Segeldruck entgegenzuwirken. Ist die Bö vorbei, beugen Sie die Beine und bringen das Gewicht wieder über die Brettmitte. So können die Böen fast ausschließlich mit dem Vor- und Zurückgehen der Hüfte ausgeglichen werden.

2. Schritt
ABFALLEN

Die Brett-
spitze
dreht vom
Wind weg, wenn Sie das
Rigg nach vorne neigen.

• RIGG
Leiten Sie die Drehung ein, indem Sie das
Rigg nach vorne in Windrichtung kippen.
Beugen Sie die Knie, um den Körperschwerpunkt tief zu halten und versuchen Sie immer,
sicher im Gleichgewicht zu stehen. Sie surfen
jetzt auf Raumschotkurs.

AUFFIEREN
Aber anstatt jetzt wieder in
Surfposition zu gehen, neigen Sie das
Rigg weiter nach vorne, um noch
mehr vom Wind wegzudrehen. Dabei
fiert die hintere Hand das Segel auf.

3. Schritt
KEINE POWER MEHR

Während
Sie weiter-
hin vom
Wind abfallen,
verringert sich der
Druck im Segel
plötzlich enorm.

HAND-
WECHSEL•
Sie bekom-
men jetzt das
Gefühl, mit den
Händen am Ga-
belbaum leicht
nach hinten rut-
schen zu müssen, um
im Gleichgewicht zu
bleiben.

• GEWICHT
Während der Segeldruck
nachläßt, halten Sie Ihr
Körpergewicht über der
Brettmittellinie.

• FÜSSE
Treten Sie mit dem vorderen Fuß
zum hinteren Fuß zurück. Die
Zehenspitzen zeigen leicht nach
außen, um das Brett kontrollieren
zu können. Die Füße stehen
knapp links und rechts von der
Brettmittellinie.

11

4. Schritt

VOR DEM WIND

Das Brett dreht so
lange weiter, bis der
Wind direkt von
hinten kommt. Sie
befinden sich jetzt auf Vorwindkurs.

SEGELSEITE WECHSELN

Genauso können Sie natürlich
auf der anderen Segelseite vor
dem Wind surfen, indem Sie das
Abfallen auf Vorwindkurs vom
anderen Bug aus beginnen.

• SEGEL
Das Segel haben Sie jetzt so
weit aufgefiert, daß es im
rechten Winkel zum Brett steht.

• FENSTER
Sie können jetzt durch das
Segelfenster in der unteren
Hälfte des Segels genau
erkennen, wo Sie sich
befinden.

• HALTUNG
Halten Sie den Rücken gerade und
die Knie leicht gebeugt. Ihr
Körpergewicht bleibt fest über der
Brettmitte. Jetzt, da der Wind direkt
von hinten kommt, treten keine
seitlichen Querkräfte mehr auf.

GEWICHT
Das Gewicht
bleibt gleich-
mäßig auf
beide Beine
verteilt. Ver-
lagern Sie es
nicht von
einem Fuß
auf den
anderen.

• KNIE
Halten Sie die
Knie leicht
gebeugt, um
immer auf
die sich
ändernde
Windstärke
von hinten
gefaßt zu
sein.

VOGELPERSPEKTIVE

BÖEN
Halten Sie einen ausreichenden
Abstand zwischen Ihrem Körper und
dem Segel, um die plötzlich auftreten-
den Böen gut abfangen zu können:
Knie beugen und nach außen lehnen.

HECK •
Wenn Sie
zu weit hin-
ten stehen,
neigt das Heck
zum Eintauchen
ins Wasser.

• FÜSSE
Die Füße
stehen
gleichmäßig
links und
rechts von der
Brettmittellinie.

5. Schritt
NACH RECHTS DREHEN

Bei den kleinen Richtungsänderungen auf Vorwindkurs ist eine andere Technik erforderlich.

• RIGG NACH LINKS
Lehnen Sie das Rigg nach links, dreht das Board nach rechts.

RIGG NACH • RECHTS
Umgekehrt lehnen Sie das Rigg nach rechts, damit das Brett eine Linkskurve beschreibt.

• RECHTER FUSS
Das Gewicht liegt nun auf der rechten Brettseite, um den Linksturn zu unterstützen.

FERSEN • HEBEN
Heben Sie leicht die Ferse des linken Fußes, um das Gewicht nach rechts zu verlagern.

• FÜSSE
Unterstützen Sie die Drehung, indem Sie das Gewicht auf den linken Fuß verlagern. Das geschieht ganz automatisch, wenn Sie das Rigg nach links kippen.

6. Schritt
NACH LINKS DREHEN

Sammeln Sie Erfahrungen auf Vorwindkurs, indem Sie das Rigg mal zur einen, mal zur anderen Seite neigen, bis Sie Ihr Ziel erreicht haben.

ALTERNATIVE
Der Vorwindkurs ist bei den Windsurfern nicht so beliebt, weil er vergleichsweise langsam und kippelig ist. Eine gute Alternative, den Vorwindkurs ganz automatisch zu trainieren, ist die **Halse,** die Sie im folgenden Kapitel lernen werden.

KAPITEL

12 HALSEN

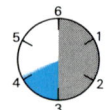

Definition: *Die Segelseite wechseln, indem man mit dem Heck durch den Wind dreht.*

Die Halse ist wie die Wende auch eine Richtungsänderung mit Segelwechsel, nur daß Sie hier mit dem **Heck** des Boards durch den Wind drehen. Die Halse ist ein Manöver, bei dem man niemals auslernt. Um alle Variationsmöglichkeiten der Halse perfekt zu beherrschen, bedarf es fast eines ganzen Surferlebens. Engagierte Windsurfer widmen der Halse Fleiß und Ausdauer, weil sie die schnellste und zugleich spektakulärste Methode ist, das Brett zu drehen. Auch hier ist wieder eine gute Basistechnik besonders wichtig.

ZIEL: Das Segel auf Raumschotkurs auf die andere Brettseite bringen.
Bewertung: ● ● ● ● ●

HALSENKURS 1

――――― 1. Schritt ―――――

VOR DEM WIND HALSEN

Wenn Sie auf Vorwindkurs fahren, sind Sie schon auf halbem Wege bei der Grundhalse. Sie haben die Brettspitze vom Wind weggedreht, und der Wind kommt direkt von hinten.

RIGG •
Drehen Sie durch Rigg-Neigen das Brett weiter, indem Sie den Mast zum Wasser neigen. Der vordere Arm ist dabei gestreckt. Zur gleichen Zeit belasten Sie den vorderen Fuß, um die Brettdrehung zu unterstützen.

STABILITÄT
Der Hauptvorteil der Halse ist der, daß der Wind von hinten kommt. Die Geschwindigkeit kann über den ganzen Turn hindurch beibehalten werden, das Brett ist also stabiler als bei der Wende.

• **FÜSSE**
Stellen Sie die Füße vom Mastfuß weg auf die äußeren Brettkanten.

2. Schritt
ÜBER DEN BUG

Bei der Wende schwingt das Gabelbaumende über das Heck. Bei der Halse dagegen „shiftet" man das Segel mit dem Gabelbaumende über den Bug. Der Wind schwingt das Segel sehr schnell herum.

SEGEL
Folgen Sie der Bewegung des Segels und kippen Sie es nun nach hinten zum Heck.

HÄNDE
Lassen Sie die hintere Hand vom Baum los und führen Sie sie unter dem vorderen Arm hindurch an den Mast. Wenn das Rigg herumschwingt, lassen Sie den Baum mit der vorderen Hand los.

FÜSSE
Steigen Sie mit den Füßen um, wobei das Gewicht auf dem ehemals vorderen Fuß bleibt, um die Drehung zu unterstützen.

3. Schritt
DREHUNG STOPPEN

Die Brettspitze wird jetzt ziemlich schnell in den Wind drehen. Stellen Sie den Mast wieder aufrecht, um die Drehung zu beenden, und nehmen Sie die sichere Grundstellung auf dem neuen Bug ein.

RIGG
Um die Drehung zu stoppen, richten Sie das Rigg auf und kontrollieren es mit der neuen vorderen Hand (Segelhand).

BRETTMITTELLINIE
Bringen Sie die Füße über die Brettmitte und nehmen Sie die sichere Grund-stellung ein (siehe Seite 35).

AUF ZWEI SEITEN
Dieses Manöver können Sie ebensogut in die andere Richtung perfektionieren. Einige haben bei der Halse eine Schokoladenseite. Deshalb: Trainieren Sie Ihre schwächere Seite öfter.

HALSENKURS 2

Mit ein wenig Übung werden Sie von Halbwindkurs zu Halbwindkurs halsen können.

1. Schritt
ABFALLEN

Fallen Sie aus Ihrer normalen Surfposition heraus vom Wind ab, indem Sie das Rigg nach vorne neigen. Strecken Sie dabei den vorderen Arm aus und nehmen Sie das Segel leicht dicht, um vom Wind wegzudrehen.

SIE MACHEN FORTSCHRITTE
Wir lernen nun die schnellere und flüssigere Halse, deren Voraussetzung die Grundhalse ist. Aber: Wir surfen jetzt auf den neuen Bug, ohne in die Grundstellung zurückzukehren.

HALTUNG
Lehnen Sie sich beherzt in die Kurve, wenn Sie abfallen. Fieren Sie das Segel auf, wenn die Brettspitze weiter vom Wind wegdreht, um die Geschwindigkeit beizubehalten.

2. Schritt
PERFEKTE FUSSARBEIT

Halten Sie den Druck im Segel, drehen Sie vom Wind weg und bewegen Sie die Füße, als würden Sie auf Vorwindkurs fahren. Beschleunigen Sie die Drehung, indem Sie den Mast aktiv nach unten Richtung Wasser drücken.

MEHR LIFT
Je weiter der Fuß nach hinten aufs Brett tritt, desto mehr wird sich die Brettspitze aus dem Wasser heben, und desto schneller wird das Board dabei drehen.

KÖRPERGEWICHT
Mit dem linken Fuß zurückzutreten erscheint Ihnen zunächst unbequem, mit der Zeit jedoch werden Sie sich an den kurzen Abstand zum Heck gewöhnen, und das Brett wird fast wie auf einem Punkt um die eigene Achse drehen.

FÜSSE
Geben Sie Druck auf den rechten Fuß, um die Drehung zu unterstützen.

3. Schritt
WEITERDREHEN

Lehnen Sie sich in die
Kurve, um nicht vom
Brett geworfen zu werden.
Halten Sie dabei den
Oberkörper aufrecht und
beugen Sie die Knie, um
das Gewicht verlagern zu können.

RIGG SHIFTEN •
Das Brett dreht nun schnell auf den neuen Raumschotkurs. Werfen Sie das Rigg herum (shiften), indem Sie die hintere Hand loslassen und an den Mast
greifen. Das Segel sollte weich und nicht ruckartig
umschlagen und so schnell wie möglich wieder Wind
aufnehmen.

HALTUNG •
Halten Sie mehr Gewicht
über der Leekante des
Boards, um die Drehung zu
unterstützen. Lassen Sie die
Beine gebeugt, immer bereit, in
die neue Segelstellung zurückzutreten.

4. Schritt
DICHTHOLEN

Die hintere Hand greift den
Gabelbaum, und Sie können
nun zügig dichtholen und
weitersurfen.

• **MAST**
Um die Drehung
zu stoppen,
richten Sie den
Mast wieder auf.
Sobald das Segel
über den Bug
schwingt, greifen
Sie den Gabelbaum
mit der neuen
Segelhand
(hintere Hand).

SPEED AUFNEHMEN

GEWICHTSVERLAGERUNG
Vielleicht bemerken Sie, wie
sich die Brettspitze hebt, wenn
Sie Ihr Gewicht nach hinten
verlagern. Das kann den Turn
beschleunigen.

BOARD FLACHSTELLEN •
Die Füße treten wieder nach vorn, um
gleich weiterzusurfen. Die Fußarbeit hilft
dabei, daß die Brettspitze nicht weiter in
den Wind dreht.

KAPITEL

13 EINEN DREIECKS-KURS SURFEN

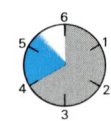

Definition: *Alle bis jetzt gelernten Manöver miteinander verbinden*

GESCHAFFT! Sie haben nun die Grundtechnik des Windsurfens gelernt. Sie können Ihr Brett auf allen Kursen surfen, Sie können wenden und halsen. Nun geht es lediglich darum, das Gelernte flüssig miteinander zu verbinden und alle Manöver so zu perfektionieren, daß Sie sich sicher und standfest fühlen. Die beste Übung dazu ist, auf einem festgelegten Kurs zu surfen, auf dem Sie alle Bewegungs-abläufe mit Spaß wiederholen und trainieren können. Ideal ist hier der Dreieckskurs, bei dem eine Boje direkt im Wind liegt.

• HALSE
Die Halse ist nicht einfach, surfen Sie deshalb nicht zu nahe um die Boje herum.

BILDLICH VORAUSDENKEN

Beim Windsurfen ist die beste Strecke von einem Punkt zum anderen nicht immer der direkte Weg. So ist es bekanntlich ganz unmöglich, direkt gegen den Wind zu surfen. Sehr hilfreich ist es, sich jedes Manöver erst einmal bildlich vor dem geistigen Auge vorzustellen, bevor man es probiert. Versuchen Sie deshalb, die erforderliche Distanz zur Boje und die Fahrtrichtung nach dem Manöver im voraus zu berechnen. Das wird Ihnen auf dem Weg zum Ziel helfen, den richtigen Zeitpunkt für eine Wende oder Halse auszuwählen. Wenn Sie unsicher sind, nehmen Sie einfach die sichere Grundstel-lung ein, um die nächsten Bewegungsabläufe in Ruhe zu überdenken. Am Anfang ist es schon ein großer Erfolg, wenn Sie auf der richtigen Seite der Boje oder der Markierung vorbeifahren. Wenn Sie dann die Kontrolle über Ihr Brett haben und die Manöver sicher beherrschen, passieren Sie die Bojen im engeren Abstand. Mit zunehmender Übung gelingen die Manöver immer flüssiger und schneller. Sie werden dann selbst für kleine Kursänderungen sensibel und können mit der richtigen Körperhaltung immer mehr Speed aus Ihrem Brett herausholen. Jedoch: Nur keine Eile, nehmen Sie sich Zeit.

WACKELKURS •
Hier surfen Sie auf Raumschot- oder Vorwind-kurs. Erinnern Sie sich, daß der Vorwindkurs kippeliger und lang-samer ist. Aber es lohnt sich, ihn trotzdem zu trainieren – nicht zuletzt, um Ihr Technik-Repertoire beim Wind-surfen zu erweitern. Versuchen Sie, mit leichten Richtungsänderungen den schnellsten Kurs herauszufinden. Surfen Sie dann auf Raum-schotkurs und halsen Sie in sicherer Distanz zur nächsten Boje.

• LEETONNE

An der vom Wind abgelegenen Boje, der **Leetonne,** müssen Sie vom Raumschotkurs auf Amwindkurs anluven. Wenn Sie Schwierigkeiten haben, das Brett zu drehen, verlagern Sie das Gewicht nach hinten und belasten die Leekante des Brettes.

• HART AM WIND

Um auf den Amwindkurs zu kommen, lehnen Sie das Gabelbaumende Richtung Wasser. Das Schwert sollte jetzt voll ausgeklappt sein, um nicht abzutreiben. Bevor Sie sich dann auf die Wende vorbereiten, vergewissern Sie sich, daß Sie genügend Speed aufgenommen haben.

FLÜSSIGE WENDEN

Das Wenden werden Sie mit ein wenig Übung schnell perfektionieren. Weiche und flüssige Bewegungen sind dabei der Schlüssel zum Erfolg.

• SPEED

Das Segel halten Sie dicht und fast über der Brettmitte. Wenn Sie merken, daß sich die Fahrt verlangsamt, fahren Sie zu nah an der toten Zone. Neigen Sie dann das Segel nach vorne/Luv, um abzufallen.

• WENDE

Wenn Sie die **Luvtonne,** also die windzugewandte Boje erreichen, gilt es, die neue Richtung nach der Wende richtig einzuschätzen: Wenden Sie nicht zu früh, aber auch nicht zu spät, um nach der Wende mit dem nächsten **Schlag** die Boje umrunden zu können. Mit ein wenig Übung werden Sie die Entfernungen jedesmal sicher einschätzen können.

• ABFALLEN

An der Boje fallen Sie dann wieder auf Raumschotkurs ab. Vor allem wenn der Wind stärker wird, klappen Sie das Schwert ein. Am Anfang jedoch und bei leichtem Wind liefert es Ihnen mehr Stabilität, wenn es ausgeklappt ist.

KAPITEL

14

TIPS ZUR SELBSTHIFLE

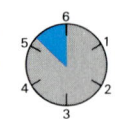

Definition: *Wie man bei auftauchenden*
Schwierigkeiten sicher an Land kommt

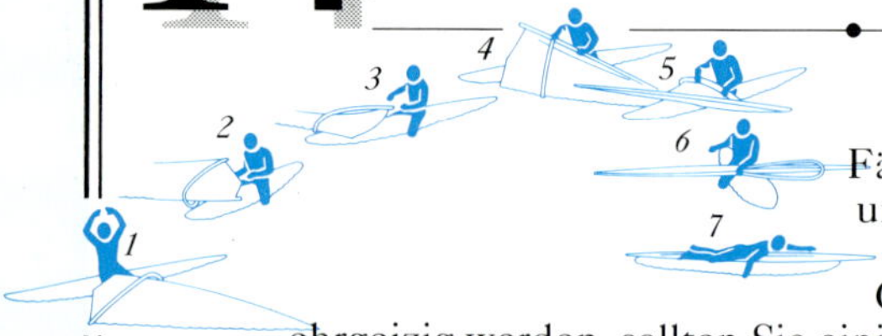

Sie gewinnen nun immer mehr Vertrauen in Ihre fahrtechnischen Fähigkeiten, und Sie können die Wind- und Wetterbedingungen einigermaßen richtig einschätzen, um sich nicht in Gefahr zu bringen. Bevor Sie nun zu ehrgeizig werden, sollten Sie einige Regeln kennen, wie Sie sich und Ihre Ausrüstung sicher an Land bringen können. Das gilt vor allem dann, wenn Ihnen am Material etwas bricht oder kaputtgeht, wenn der Wind plötzlich ganz einschläft oder aber stark auffrischt. Denken Sie jedoch daran, immer bei Ihrem Brett zu bleiben. Sie sind so nicht nur besser sichtbar, sondern haben vor allem immer genügend Auftrieb.

ZIEL: Rigg auf dem Wasser zusammenbauen und an Land paddeln.
Bewertung: • • •

BRETT WEG UND SCHWIMMEN?

Nein, niemals. Bleiben Sie immer bei Ihrem Brett. Egal, ob Sie auf Hilfe warten oder ans Ufer paddeln wollen.

───── 1. Schritt ─────

IM ZWEIFELSFALL

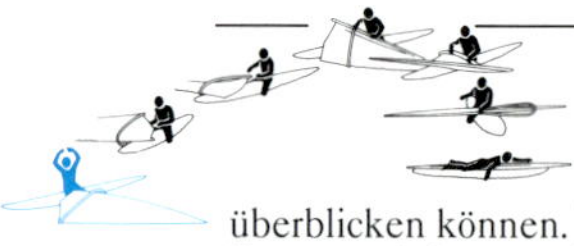

Wenn Sie sich in Not befinden, sollten Sie die Situation schnell überblicken können. Wählen Sie die Selbst-Rettungsaktion nur dann, wenn Sie sicher sind, daß sie auch zum gewünschten Erfolg führt. Falls nicht, müssen Sie versuchen, auf sich und Ihren Notfall aufmerksam zu machen.

WINKEN •
Heben und senken Sie lang- sam die über dem Kopf ausge- streckten Arme.

NOTSIGNALE
Zünden Sie ein Rauchsignal oder winken Sie mit der Notflagge – Sie sollten derartiges immer bei sich haben.

2. Schritt
RIGG INS WASSER

Wenn Sie ein gutes Stück vom
Ufer entfernt sind und Wind
und Wellen immer stärker
werden, kann es manchmal sinnvoll
sein, das Rigg zusammenzulegen.

RITTLINGS
Setzen Sie sich rittlings aufs
Brett und klappen Sie das
Schwert ganz aus. So haben
Sie eine stabile Position,
um   abzuriggen.

ABTREIBEN •
Wenn Sie auf dem Brett sitzen
und abtreiben, wird das Rigg nach
einer Weile in **Luv** des Boards
liegen. Das stört Sie bei Ihrem
Selbsthilfe-Manöver aber nicht.

• **RIGGSICHERUNG**
Lösen Sie die Riggsicherung
und ziehen Sie den Mastfuß
aus dem Brett. Halten Sie
das Rigg fest, sonst treibt es
schnell ab.

3. Schritt
LATTEN RAUSNEHMEN

Nächster Schritt: Alle Latten
müssen aus dem Segel heraus-
genommen werden, so daß dieses
problemlos zusammengerollt werden kann. Hetzen Sie nicht.

• **SEGELHALS ZUERST**
Beginnen Sie unten und
ziehen Sie alle Latten
unterhalb des Gabelbaums
heraus.

MASTTASCHE •
Die Segellatten können Sie
in der Masttasche verstauen.
Stecken Sie sie ganz unten
oder bei der Gabelbaumaus-
sparung hinein.

• **SCHOTHORN LÖSEN**
Wenn alle Latten aus dem Segel sind, lösen
Sie die **Trimmschot**, so daß das **Schothorn**
vom Gabelbaum frei ist. Wenn die Trimmschot am Gabelbaum befestigt ist, werfen Sie
das Gabelbaumende zum **Topp** des Segels.

KAPITEL

14

GABELBAUM FESTBINDEN

Haben Sie einen Gabelbaum-Schnellverschluß, vertäuen Sie das Gabelbaum-Frontstück mit der dicken Startschot am Mast.

GABELBAUM
Jetzt lösen Sie den Schnellverschluß des Gabelbaums und schwenken diesen zur Mastspitze. Achten Sie darauf, keine Einzelteile zu verlieren.

SEGEL AUFROLLEN

ENG ROLLEN
Packen Sie das Segel so eng wie möglich zusammen. Denn der untere Teil des Segels zeigt beim Paddeln nach vorne, hier kann sich eventuell Wasser ansammeln.

SCHOTHORN ZUERST •
Rollen Sie das Segel immer vom Schothorn in Richtung Mast auf.

Jetzt rollen Sie das Segel auf. Dabei wird es ganz eng zusammengerollt, weil es sonst beim Paddeln wieder ausflattert. Bewahren Sie Ruhe und nehmen Sie sich Zeit, sonst haben Sie später mit Schwierigkeiten zu kämpfen.

6. Schritt

FESTZURREN

Binden Sie das Segel nun am Mast mit einem Ersatztampen fest, so daß es sich nicht lösen kann, während Sie paddeln.

• RIGG
Ist alles vertäut, legen Sie das Rigg aufs Brett, wobei der Mastfuß nach vorne zeigt.

TRIMMSCHOT •
Sie befestigen das Segel zusätzlich mit der am Gabelbaumende angebrachten **Trimmschot** und sichern diese in der Klemme.

7. Schritt

KOPF HOCH

Jetzt legen oder knien Sie sich aufs Rigg und paddeln an Land.

PADDELN •
Die meisten paddeln lieber und schneller im Liegen. Die Arme machen dabei lange, tiefe Paddelbewegungen, so als würden Sie kraulen.

• TOP
Achten Sie darauf, daß das Masttop nicht im Wasser schleift.

ALTERNATIVEN

Bei leichtem Wind oder Flaute können Sie das Brett auch einfach mit aufgespanntem Rigg paddeln. Dabei legen Sie es auf das Heck des Boards, damit es nicht im Wasser schleift.

Diese Technik ist bei den Experten sehr beliebt: Lösen Sie den Mastfuß und legen Sie sich unter das Segel in den Gabelbaum, während Sie paddeln.

TIPS FÜR FORTGESCHRITTENE

Die nächsten Schritte, Ihre Windsurf-Technik zu perfektionieren

Die Übung auf dem Wasser ist zunächst das einzige Erfolgsrezept. Jetzt, nachdem Sie Ihren Intensivkurs beendet haben, wählen Sie die Bedingungen so, daß Sie zwar gefordert, aber nicht überfordert werden. Wenn Sie den Verhältnissen nicht gewachsen sind, ist die Zeit auf dem Wasser nutzlos. Üben Sie jedoch nicht nur die Dinge, die Sie schon können, sondern versuchen Sie, auch neue Manöver zu entwickeln. Surfen Sie mit Freunden, es macht erheblich mehr Spaß. Vielleicht denken Sie daran, in einen Club einzutreten, wo Sie mit Gleichgesinnten zusammen trainieren. Andere Clubmitglieder können einem oft nützliche Informationen und Tips geben.

Einen Club wählen

Manchen Schulungsstationen ist auch gleich ein Surfclub angeschlossen. Weitere Club-Adressen finden Sie über die Verbände. Nehmen Sie sich Zeit, den für Sie geeigneten Club zu suchen; das Angebot ist oft sehr unterschiedlich.

Windsurfen im Wettkampf

Wenn Sie weiter fortgeschritten sind und sich sicher auf dem Brett fühlen, möchten Sie sich vielleicht mit anderen Surfern messen. Der Wettkampf, auf welchem Niveau auch immer, ist der schnellste und effektivste Weg, sein Fahrkönnen zu verbessern. Viele Clubs organisieren Regatten, bedenken Sie das bei der Wahl Ihres Clubs. Für die Ehrgeizigen unter Ihnen gibt es auch die harte Renn-Szene, bei der man viel lernen kann.

Zeit auf dem Wasser

Für die meisten von uns jedoch liegt die größte Faszination des Windsurfens in der Freiheit und der Herausforderung, sich mit den Elementen Wind und Welle zu messen und die verschiedenen Techniken zu lernen. Aus diesem Grund sieht man auf der ganzen Welt so viele Surfer, die dieses Glück immer wieder suchen und genießen.

SURFEN AUF DEM MEER

Wie man mit Wellen und Gezeiten umgeht

•

Wenn Sie Vertrauen in Ihre Windsurf-Technik gewonnen haben, träumen Sie vielleicht von einer neuen Herausforderung, nämlich auf dem Meer zu surfen. Das Surfen auf dem Meer ist völlig anders, vor allem bei starkem Wind, bei dem man noch die hohen Wellen zu bewältigen hat. Suchen Sie sich Ihren ersten Meer-Spot sehr sorgfältig aus, und haben Sie immer eine gesunde Portion Respekt vor dem Meer. Sie sollten nur dort rausgehen, wo bereits andere Windsurfer surfen. Das bedeutet nicht nur, daß dieses Revier relativ sicher ist, das heißt auch, daß man Ihnen helfen kann, wenn Sie in Schwierigkeiten geraten sollten. Bedenken Sie aber, daß Binnengewässer oftmals die besten Bedingungen bieten, um Ihre Grundtechnik weiterzuentwickeln.

WAVE-BOARD
Für die Brandungssurfer wurden spezielle Wellenbretter entwickelt (siehe Seite 90–91). Sie sind ausgesprochen wendig und schnell und nur etwas für sehr erfahrene Surfer.

SHOREBREAK
Das größte Problem, das am Meer bei hohen Wellen auftritt, ist, sicher durch die Brandungszone, den Shorebreak, zu kommen. Bei Flut donnern die Brecher oft an den Strand und erschweren den Start somit enorm. Bei ablaufendem Wasser jedoch ist das Wasser flacher und der Start somit einfacher. Bei Ebbe muß man sein Brett allerdings ewig weit ins Wasser tragen.

DIE GEZEITEN

Die Gezeiten (Tiden) entstehen durch das
Zusammenwirken von Schwer- und
Fliehkräften, die bei der Bewegung des
Mondes um die Erde und der Erde um die
Sonne entstehen. Bei Flut steigt das Wasser,
bei Ebbe läuft es wieder langsam zurück.
Dabei entstehen aber auch entlang der Küste
Strömungen. Achten Sie besonders auf die
Richtung und Stärke des Gezeitenflusses.

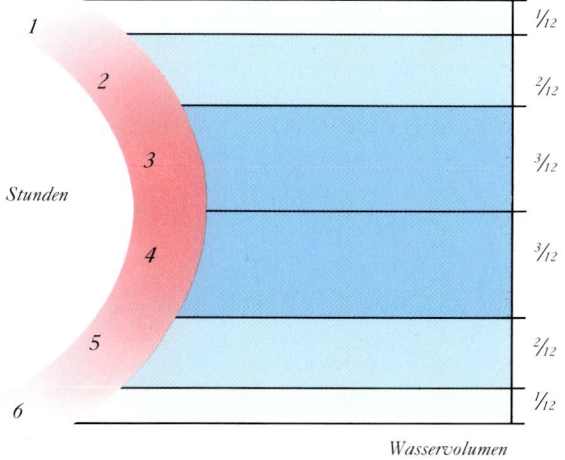

Stunden

Wasservolumen

GEZEITENSTROM

Ebbe und Flut dauern jeweils ungefähr sechs Stunden. In den ersten beiden Stunden bewegen sich nur 25 Prozent des gesamten Wasservolumens, und der Gezeitenstrom ist deshalb schwach. In der dritten und vierten Stunde bewegen sich 50 Prozent des Wassers, was einen starken Gezeitenstrom bewirkt. Wollen Sie bei Ebbe an Land surfen, müssen Sie gegen die Strömung anfahren. Die Strömung ist in tiefem Wasser und um Landzungen herum am stärksten.

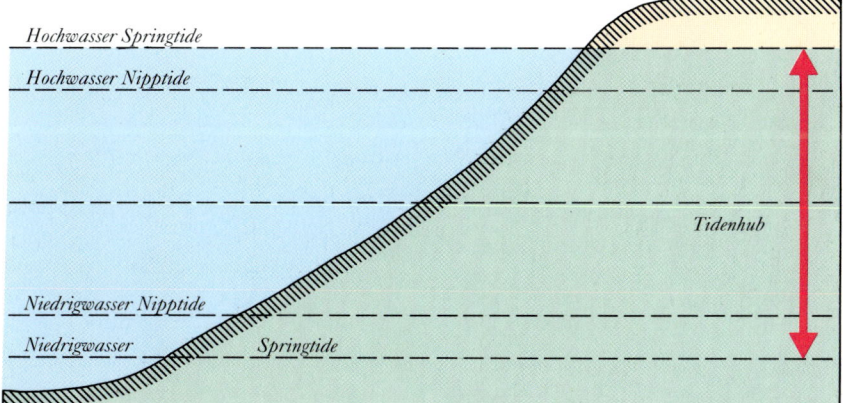

Hochwasser Springtide

Hochwasser Nipptide

Tidenhub

Niedrigwasser Nipptide

Niedrigwasser   Springtide

SPRING- UND NIPPTIDEN

Bei Neu- und Vollmond verstärken sich die Gezeiten zu kräftigen Springtiden, bedingt durch die Stellung von Sonne und Mond zueinander. Sie sind größer, höher und gehen weiter raus als die Nipptiden, die bei Halbmond entstehen, also wenn Erde, Mond und Sonne im rechten Winkel stehen.

TIDENZYKLUS

Bei Nipptiden sind die Gezeitenströme halb so stark wie bei Springtiden. Springtiden entstehen nur nach Voll- und Neumond, so daß etwa zwei Wochen zwischen zwei aufeinanderfolgenden Springtiden liegen. Dazwischen herrschen die Nipptiden.

WO MAN AM BESTEN SURFT

Den im Verhältnis zu den Windbedingungen richtigen Spot auswählen

Gerade bei ausgezeichneten Windbedingungen kann man sich seinen ganzen Spaß verderben, wenn man den falschen Spot auswählt. Bei allen möglichen Windrichtungen bieten einige Startplätze bessere Bedingungen als andere. Wählen Sie möglichst einen Platz, wo der Wind seitlich zum Ufer (**sideshore**) oder seitlich bis **auflandig** weht. Das erleichtert den Start und das Anlanden, und Sie können auch leichter wieder ans Ufer zurückkommen, wenn Sie auf

GEFAHRENZONE •
An Landzungen sind Wind und Wellen oft stärker als in den Buchten.

NIE ALLEIN AUFS WASSER
Wenn sich viele Surfer auf dem Wasser tummeln, spricht das meist für die Güte des Spots. Beobachten Sie jedoch zuerst einmal das Fahrkönnen der anderen – vielleicht sind das alles Cracks, die sich austoben, während Sie mit diesen Bedingungen noch nicht zurechtkommen würden.

SIDESHORE WIND
Der Start und das Zurückkommen ans Ufer klappen viel besser, wenn der Wind seitlich, also parallel zum Strand weht.

NOTRUF PER HAND
Wenn Sie in der Gruppe surfen, winken Sie mit den Händen über dem Kopf, wenn Sie sich in Schwierigkeiten befinden. (Siehe S. 72–75.)

• **NICHT ZU WEIT RAUS**
Bevor Sie zu weit aus der Bucht raussurfen, wo Wind und Wellen meist zunehmen, sollten Sie sicher wenden oder halsen können.

• **AUFLANDIGER WIND**
An dieser Stelle bläst der Wind direkt auflandig. Die Brandung erschwert den Start nach draußen.

LANDZUNGEN
Hier sind die Wellen erheblich größer.

dem Wasser plötzlich in Schwierigkeiten geraten sind. Surfen Sie niemals bei **ablandigem** Wind. Hier kann man sich extrem täuschen: Das Wasser sieht vom Strand aus sehr ruhig und ungefährlich aus, aber Wind und Wellen nehmen zu, je weiter Sie raussurfen. Voll auflandiger Wind ist relativ sicher, auch wenn das Rausstarten – vor allem auf dem Meer – nicht immer ganz einfach ist. Denn die Windwellen bauen sich auf und donnern an den Strand, so daß es schwer wird, auf Amwindkurs die Brandungszone zu überqueren.

STAUSEEN
Es gibt viele künstlich angelegte Gewässer, die ideal für Einsteiger sind.

•BINNENSEEN
Wie am Meer sollte man sich auch an Binnenseen einen Startplatz suchen, wo der Wind seitlich zum Ufer weht. Auf Spotsuche eine kleine Runde um den See gedreht, hat schon manchem am Ende eines Surftages kostbare Zeit gespart

WINDABLENKUNG •
Bäume und hohe Häuser halten den Wind auf, lenken ihn ab; und auf ihrer Leeseite (auf dem See) ist er dann oft recht böig. Meiden Sie solche Zonen.

WELLEN
Auch kleine Brandungswellen können den Start erschweren.

WANN MAN AM BESTEN SURFT

Die günstigste Zeit für einen gefahrlosen Surfausflug

Genauso wichtig wie die Wahl des Surfplatzes ist die Zeit. Neben Ihren persönlichen Umständen hängen noch andere Faktoren von der richtigen Zeit ab, wie zum Beispiel Ihr Fahrkönnen, die Windstärke oder der Gezeitenstand.

Der Wind

Im allgemeinen nimmt der Wind in den Sommermonaten im Laufe eines Tages zu und hat seinen Höhepunkt um etwa drei Uhr nachmittags. Das gilt vor allem an der Küste. Aber das Wetter kann sich ganz plötzlich ändern und alle Regeln durcheinanderwerfen. Verfolgen Sie daher immer den Wetterbericht, um Ihre Entscheidungen zu erleichtern. Haben Sie den ganzen Tag zur Verfügung, versuchen Sie herauszufinden, wann die Bedingungen für Ihr Fahrkönnen am geeignetsten sind. Denken Sie

daran: Gerade am Anfang sind zu schwere Windverhältnisse frustrierend, und wenn Sie mit dem Rigg-Handling scheitern, könnten Sie auf dem Wasser erhebliche Probleme bekommen.

Die Gezeiten

Wenn Sie auf dem Meer surfen, müssen Sie auch Ebbe und Flut berücksichtigen. Bei Hochwasser haben Sie nur einen kurzen Weg zum Wasser, aber die Wellen erschweren den Start. Oft schwemmt die Flut auch alles mögliche an Treibgut an den Strand. Bei Ebbe haben Sie diese Probleme nicht. Bedenken Sie aber, daß in manchen Gegenden das Wasser ziemlich weit ablaufen kann und der Fußmarsch dorthin oft anstrengender ist als das Surfen selbst.

Ihre Gesundheit

Der wichtigste Gedanke bei all diesen Überlegungen jedoch gilt Ihnen selbst. Wenn Sie sich nicht wohlfühlen, sollten Sie nicht rausgehen. Vermeiden Sie es auch, nach einem Riesen-Menü oder Alkohol-Konsum zu surfen – selbst an Land verliert man dann leicht die Balance...

DIE SIEBEN GEBOTE DES WINDSURFENS

Allgemeine Tips für sichere Trips

Bevor Sie aufs Wasser gehen, legen Sie sich eine kurze Checkliste zurecht, um möglichst viel Spaß bei Ihrem Sport zu haben, ohne sich jedoch selbst dabei in Gefahr zu bringen. Wir haben hier alle Punkte in sogenannte sieben Gebote des Windsurfens zusammengefaßt:

• Ist Ihre Ausrüstung einsatzbereit ?
Ihr gesamtes Material muß in gutem Zustand sein. Achten Sie besonders auf die Tampen und die Mastfuß-Verankerung. Wechseln Sie alle Teile aus, die leichte Anzeichen von Abnützung zeigen.

• Informieren Sie jemanden, wo Sie hinsurfen und wann Sie zurückkommen.
Vergessen Sie nicht, sich dann auch wieder zurückzumelden. Die Küstenwache hat bessere Dinge zu tun, als auf dem Wasser nach Windsurfern zu suchen, die jedoch gemütlich in einer Bar sitzen.

• Holen Sie sich die örtliche Wettervorhersage ein.
Überprüfen Sie die Gezeiten und kalkulieren Sie die sich verändernden Verhältnisse von Ebbe und Flut, wenn Sie surfen. Wenn Sie zweifeln, bleiben Sie lieber an Land.

• Können Sie bei den vorherrschenden Bedingungen surfen ?
Benutzen Sie ein Segel, das Sie leicht handhaben können. Seien Sie selbstkritisch, wenn Sie Ihre eigenen Fähigkeiten einschätzen. Im Zweifelsfall gehen Sie nicht raus.

• Surfen Sie nie allein.
Sollten Sie doch einmal in Schwierigkeiten geraten, ist Hilfe zur Stelle. Versuchen Sie nicht, anderen zu helfen, wenn Sie dabei auch sich selbst gefährden.

• Vermeiden Sie starke Gezeitenunterschiede, ablandigen Wind und schlechte Sichtverhältnisse.
Schauen Sie genau hin: Bei ablandigem Wind erscheint das Wasser vom Ufer aus gesehen oft täuschend ruhig und harmlos.

• Achten Sie auf andere Wassersportler.
Viele andere Wassersportler wollen auch ihren Spaß auf dem Wasser – behandeln Sie sie mit Respekt.

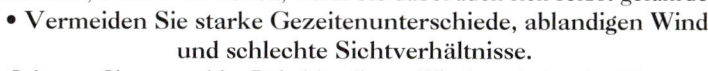

VORFAHRTSREGELN

Die Windsurf-Etikette und wichtige Sicherheitstips

Jeden Tag tummeln sich Tausende von Menschen auf den Gewässern – sei es aus beruflichen Gründen oder aus purem Spaß. Sie sind also nicht allein und sollten immer daran denken, daß andere genauso das Recht haben, sich auf dem Wasser aufzuhalten wie Sie. Die internationale Seeschiffahrtsorganisation hat weltweit allgemeingültige Verkehrsregeln auf dem Wasser aufgestellt. Die Grundregeln, die für alle Wasserfahrzeuge und nicht nur für Surfboards gelten, sind auf nebenstehender Seite aufgeführt. Die beste allgemeine Regel jedoch ist der Versuch, sich immer so weit wie möglich von anderen fernzuhalten, sei es an Land beim Aufriggen oder auf dem Wasser, wo man vor allem auf Schwimmer achten muß.

WEGERECHT

Eine alte Grundregel: Segelkraft vor Motorkraft. Aber Sie würden Ihr Glück unnötig herausfordern, wenn Sie erwarten, daß ein Tanker einem Surfbrett ausweicht. Diese Regel gilt nur, wenn sich zwei ähnlich große Fahrzeuge begegnen. Und: Jeder Wassersportler muß sich von der Linien- und Berufsschiffahrt fernhalten. Erinnern Sie sich, daß das Surfboard – obwohl es kein Ruder hat – trotzdem noch das am besten manövrierfähige Wasserfahrzeug ist. Windsurfen ist ein Vergnügen, und deshalb sollte man Konfrontationen möglichst meiden.

GRUNDREGELN

Drei Grundregeln decken die häufigsten Situationen eines möglichen Zusammenstoßes von zwei Surfern oder Segelbooten ab. Viele Unfälle entstehen, wenn man nicht weiß, wer gerade für ein Ausweichmanöver verantwortlich ist.

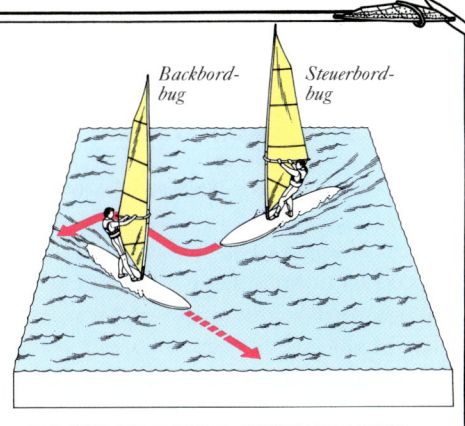

Backbord-bug *Steuerbord-bug*

BACKBORD VOR STEUERBORD

Surft man mit dem Segel auf verschiedenen Seiten, gilt die Regel: **Backbord** vor **Steuerbord**, wobei Backbord die linke Seite und Steuerbord die rechte Seite des Brettes in Fahrtrichtung aus gesehen ist.

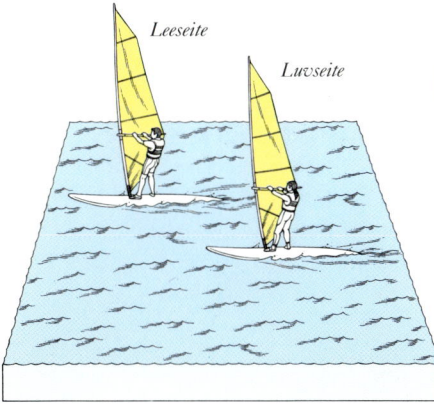

Leeseite

Luvseite

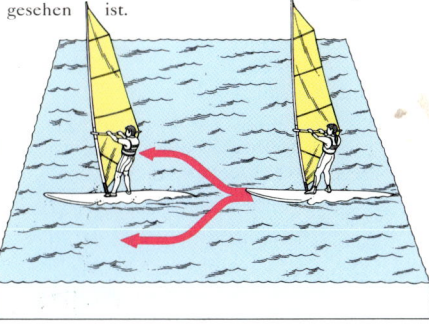

LEE VOR LUV

Begegnen sich zwei Surfer auf gleichem Bug, muß der in Luv (auf der dem Wind zugewandten Seite) Surfende dem in Lee surfenden Brett Vorfahrt gewähren. Denn: Wenn Sie in Lee surfen und einer fährt nah bei Ihnen in Luv, nimmt er Ihnen den Wind aus dem Segel, weil Sie in seiner Abdeckung surfen und somit weniger manövrierfähig sind.

ÜBERHOLENDER WEICHT AUS

Wenn Sie ein anderes Segelfahrzeug überholen wollen, müssen Sie soviel Abstand halten, daß Sie den anderen nicht behindern oder gefährden.

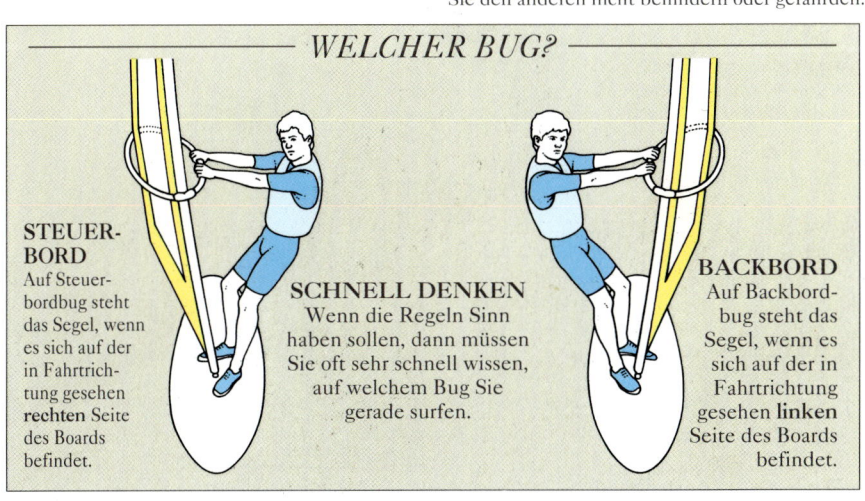

WELCHER BUG?

STEUERBORD
Auf Steuerbordbug steht das Segel, wenn es sich auf der in Fahrtrichtung gesehen **rechten** Seite des Boards befindet.

SCHNELL DENKEN
Wenn die Regeln Sinn haben sollen, dann müssen Sie oft sehr schnell wissen, auf welchem Bug Sie gerade surfen.

BACKBORD
Auf Backbordbug steht das Segel, wenn es sich auf der in Fahrtrichtung gesehen **linken** Seite des Boards befindet.

STARKWINDSURFEN

Wie man sicher und mit Spaß bei viel Wind surft

Engagement und gute Technik sind der Schlüssel für stärkere Windbedingungen. Alles geschieht viel schneller, und Sie müssen Ihr ganzes Körpergewicht einsetzen, um den Segeldruck immer kontrollieren zu können. Das heißt: ganzes Gewicht ans Rigg hängen, was dazu führen kann, daß Sie halb im Wasser hängen. Windsurfen bei Starkwind kann zu einer wirklich aufregenden Erfahrung werden.

KÖRPERHALTUNG

Von der Grundstellung aus ziehen Sie Ihr Rigg quer über das Brett nach hinten, um das Segel auch bei stärkerem Wind noch im Gleichgewicht zu halten.

DICHTHOLEN •
Halten Sie die Arme gestreckt und vergewissern Sie sich, daß die Hände im richtigen Abstand auf dem Gabelbaum liegen.

DRANHÄNGEN •
Übertragen Sie Ihr Körpergewicht aufs Rigg, sobald der Segeldruck zunimmt, indem Sie sich mit dem Segel zurücklehnen. Der Mast sollte dabei so aufrecht wie möglich stehen.

FÜSSE •
Bevor Sie dichtholen, treten Sie mit den Füßen weiter zurück aufs Brett, um dem zusätzlichen Segeldruck besser standhalten zu können.

AUF BÖEN REAGIEREN

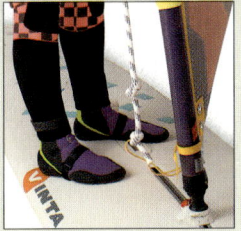

ARME
Die Arme sind gerade und gestreckt, um die Unterarme zu
entlasten und genügend
Abstand zum Rigg zu halten.

FÜSSE
Die Luvkante des Boards wird
sich bei stärkerem Wind anheben. Der vordere Fuß wirkt mit
Druck auf die Kante dagegen.

KOPF
Schauen Sie in Fahrtrichtung,
um auf Böen vorbereitet zu
sein, die man an der dunklen
Wasserkräuselung erkennt.

MIT DEM WIND GEHEN
Sie sollten jetzt nicht mehr auffieren,
wenn eine Bö kommt. Nutzen Sie
vielmehr den Winddruck, um zu
beschleunigen: Halten Sie das
Segel dicht und legen Sie
je nach Bedarf Ihr
Gewicht nach außen
oder innen.

• HÜFTKNICK
Wenn eine Bö
einfällt, strecken
Sie die Beine
und beugen die
Hüfte.

RAUSLEHNEN
Lehnen Sie sich bei starkem
Wind weiter nach außen, um
nicht auffieren zu müssen.

AUFRECHTE STELLUNG
Kleine Windstärkenverän-
derungen können Sie mit
Ihrer Haltung variieren,
indem Sie bei leichterem
Wind aufrechter stehen.

HÜFTE
Die Hüfte arbeitet ständig und
verlagert den Körperschwerpunkt
nach außen oder innen, wenn
eine Bö vorbeistreicht.

HALTUNG
Halten Sie das Rigg aufrecht, um dem
Wind möglichst viel Segelfläche für
maximalen Speed zu geben.

• NACH DER BÖ
Wenn der Wind sichtbar
nachläßt, schieben Sie die
Hüfte zum Segel hin. Beugen
Sie Knie und Arme und
richten Sie sich mit dem
Körperschwerpunkt über der
Brettmitte auf.

KAUFBERATUNG

Die verschiedenen Brett- und Segeltypen

Es gibt viele verschiedene Segel- und Boardanbieter auf dem Markt. Bevor Sie sich für ein Windsurfgerät entscheiden, müssen Sie klären, wo und wie oft Sie zum Windsurfen gehen. Außerdem spielen auch Ihre Körpergröße und Ihr Gewicht und natürlich die Größe Ihres Geldbeutels eine Rolle.

ALLROUND FUNBOARD
Diese Bretter sind zwischen 3,40 und 3,75 Meter lang und haben 180 bis 225 Liter Volumen. Hervorragend für Einsteiger geeignet.

FUNBOARD
3,00 bis 3,40 Meter lang, 180 bis 225 Liter Volumen: gut geeignet für Aufsteiger und Jugendliche.

BOARDS

Je mehr Volumen ein Brett hat, desto mehr Körpergewicht kann es tragen und desto besser ist sein Einsatz bei Leichtwind.

SLALOM
Mit drei Meter Länge und 130 Liter Volumen ist vier Beaufort die untere Grenze.

CUSTOM BOARDS
Diese Boards sind auf die ganz individuellen Bedürfnisse eines Surfers zugeschnitten und handgefertigt. Der **Shape** variiert, je nachdem ob sein Besitzer hauptsächlich Manöver, Speed oder in der Welle fahren will.

SEGEL

Für die ganz unterschiedlichen Wind- und Wellenbedingungen gibt es verschiedene Segelschnitte. Die richtige Größe eines Segels ist aber immer noch entscheidend für Spaß oder Frust auf dem Wasser.

ALLROUND-SEGEL
Das ideale Anfänger-Segel ist eine leicht veränderte Version des **RAF**-Segels (siehe unten); durchgehende Segellatten sorgen für genügend Stabilität. Die Segelgröße soll sich nach der Windstärke richten, bei der Sie am häufigsten surfen.

WAVE-SEGEL
Wave-Segel finden ihren Einsatz vor allem bei stärkerem Wind. Sie werden entweder voll durchgelattet oder mit Kurzlatten angeboten. Das verbessert das Manöverhandling. Das hochgezogene Schothorn (High Clew) verhindert das Eintauchen ins Wasser vor allem bei hohen Wellen.

GABELBAUM •
Ein kurzer Gabelbaum macht das Segel handlicher (vor allem in der Welle), gibt jedoch ein nervöses Gefühl im Allround-Einsatz.

RACE-SEGEL
Ein Camber-Inducer-Segel (durchgelattet mit Profilgeber am Mast) ist das Ergebnis hoch entwickelter Rigg-Technologie. Es ist jedoch für den normalen Allroundgebrauch oder gar für Einsteiger viel zu schwer zu manövrieren.

CAMBER INDUCER •
Spezielle Plastikspangen, in denen das vordere Ende der Segellatten sitzt, formen ein aerodynamisch günstiges Segelprofil.

RAF-SLALOM-SEGEL
Bei dem RAF-Segel (Rotating Asymmetric Foil) rotieren die Latten um die enge Masttasche. Das Handling ist einfacher als bei den Racesegeln mit Camber Inducern.

FACHWÖRTER

Kursiv gedruckte Wörter sind Teile dieses Verzeichnisses.

A

- **Abdrift** Seitliche Bewegung des Brettes nach *Lee*.
- **Abfallen** Mit der Brettspitze vom Wind wegdrehen.
- **Ablandig** Der Wind bläst vom Ufer aus im 90-Grad-Winkel hinaus aufs Wasser.
- **Abschleppöse** Befestigungsmöglichkeit am *Bug* eines Surfbrettes, um es im Notfall abschleppen zu können.
- **Achterliek** Die hintere Saumkante des Segels.
- **Am Wind** So nahe wie möglich an der *toten Zone* surfen.
- **Amwindkurs** *Kurs*, bei dem der Wind etwa 50 bis 90 Grad zur *Brettmittellinie* bläst.
- **Auffieren** Mit der hinteren Hand den *Gabelbaum* wegdrücken, um den Segeldruck zu verringern.
- **Auflandig** Der Wind bläst vom Wasser etwa im 90-Grad-Winkel in Richtung Ufer.

B

- **Backbord** Die in Fahrtrichtung linke Seite des Brettes.
- **Backbordbug** Das Segel steht auf der in Fahrtrichtung gesehen linken Seite des Boards.
- **Beaufort-Skala** Tabelle, um die Windstärke und die damit zusammenhängenden Effekte anzugeben.
- **Board** Schwimmendes Brett, das den Surfer und das *Rigg* trägt.
- **Brettmittellinie** Eine gedachte Linie vom *Bug* zum *Heck* auf der Brettmitte.
- **Bug** Der vordere Teil des Brettes.

D

- **Dichtholen** Das Segel mit der hinteren Hand am Gabelbaum anziehen, so daß ein Optimum an *Vortrieb* entsteht.

F

- **Fahrtwind** Der durch die eigene Fahrtgeschwindigkeit hervorgerufene Wind.
- **Finne** Die senkrechte Leitfläche am Heck eines Brettes sorgt für die Richtungsstabilität.
- **Fußlatte** Die *Segellatte*, die den unteren Segelteil stützt.
- **Fußschlaufen** Auf dem Brett montierte und abnehmbare Schlaufen, die dem Surfer bei starkem Wind einen besseren Halt auf dem Brett geben.

G

- **Gabelbaum** Ellipsenförmige Griffleiste, in der das *Segel* gespannt wird und an der der Surfer das *Rigg* hält.

H

- **Halbwinds** Auf *Halbwindkurs* surfen.
- **Halbwindkurs** Der *Kurs*, bei dem der Wind 90 Grad zur *Brettmittellinie* bläst.
- **Halse** Manöver, bei dem man mit dem *Heck* durch den Wind dreht.
- **Heck** Der hintere Teil des Brettes.

K

- **Klemme** Vorrichtung, um einen Tampen ohne Knoten allein durch Einklemmen festzuhalten.
- **Kreuzen** *Schläge* am Wind, die im Zickzackkurs mal auf *Steuerbordbug*, mal auf *Backbordbug* gefahren werden.
- **Kurs** Die verschiedenen Fahrtrichtungen eines Surfboards, bezogen auf die Windrichtung.

L

- **Lateraldruckpunkt** Der imaginäre Punkt, auf dem sich alle auf den benetzten Teil des Boards wirkenden Kräfte vereinigen. Der Punkt wandert je nach Windstärke und Position des Surfers nach vorn oder hinten.
- **Lee** Die dem Wind abgewandte Seite, bzw. die Richtung, in die der Wind weht.
- **Leetonne** Boje, auf die man *raumschots* oder *vorwinds* zufährt.
- **Luv** Die dem Wind zugewandte Seite, bzw. die Richtung, aus der der Wind kommt.
- **Luvtonne** Boje, die im Wind liegt und die man auf *Amwindkurs* erreicht.

M

- **Mast** Langes Rohr aus GfK oder Aluminium, an dem das Segel befestigt wird.

• **Mastfuß** Verbindungselement zwischen Brett und Rigg.
• **Masthand** Die in Fahrtrichtung gesehen vordere Hand, die beim Surfen nahe am Mast liegt.
• **Mastschiene** Mastspur-Konstruktion, bei der der *Mastfuß* auf einer in Längsrichtung auf dem Board montierten Schiene befestigt wird.
• **Masttasche** An die Vorderkante des Segels genähte, schlauchförmige Tasche, in die der *Mast* gesteckt wird.

P

• **Powerjoint** Teil des *Mastfußes:* Nach allen Seiten in einem Winkel von mindestens 90 Grad frei bewegliches Gelenkelement innerhalb des *Mastfußes.*
• **Profil** Die möglichst strömungsgünstigste Formgebung des *Segels.*

Q

• **Querkraft** Die im *Segel* und am Brett zum Vortrieb rechtwinklig nach *Lee* wirkende Kraft.

R

• **Raumschots** Weg vom Wind.
• **Raumschotkurs** Der *Kurs*, auf dem der Wind zwischen 90 und 160 Grad zur *Brettmittellinie* bläst.
• **Relativer Wind** Die relative Richtung des Windes ist eine Kombination aus dem wahren Wind und dem Fahrtwind.
• **Rigg** Der „Motor" des Surfboards als Einheit von *Segel, Mast, Mastfuß* und *Gabelbaum.*
• **Riggsicherung** Verbindungsleine zwischen dem *Mastfuß* und dem Brett, die *Board* und *Rigg* zusammenhält.

S

• **Schlag** Die beim *Kreuzen* zurückgelegte Strecke zwischen zwei aufeinanderfolgenden Wendemanövern.
• **Schnellverschluß** Befestigungssystem des vorderen Gabelbaumendes am Mast.
• **Schothorn** Die hintere Ecke des Segels, die am *Gabelbaumende* befestigt wird.
• **Schwert** Nach unten aus dem Brett herausragende Fläche zur Verringerung der *Abdrift;* kann aus- oder eingeklappt werden.
• **Schwimmweste** Am Körper getragene Auftriebshilfe.
• **Segel** Dreiecksförmige Tuchfläche, die aus mehreren Segelbahnen besteht, in die eine leichte Wölbung *(Profil)* eingearbeitet wurde.
• **Segelhals** Unteres Ende des Segels.
• **Segelhand** Die in Fahrtrichtung gesehen hintere Hand, die beim Surfen nahe am Gabelbaumende liegt.
• **Segellatten** Latten, die in Taschen quer über dem Segel stecken, um das *Profil* des Segels in einer bestimmten Form zu halten.
• **Segeldruckpunkt** Der imaginäre Punkt, an dem sich alle wirkenden Kräfte vereinigen.

• **Shape** Die Form eines Boards.
• **Shiften** Das Segel über die Brettspitze von einer Seite auf die andere bringen
• **Sideshore** Der Wind bläst parallel (seitlich) zum Ufer.
• **Startschot** Dicker Tampen, der am *Gabelbaum* und am *Mastfuß* befestigt ist, mit dem man das Segel aus dem Wasser holt.
• **Steuerbord** Die in Fahrtrichtung rechte Seite des Brettes.
• **Steuerbordbug** Das Segel steht auf der in Fahrtrichtung rechten Seite des Boards.

T

• **Tampen** Kurzes Stück Leine.
• **Topp** Mastspitze.
• **Tote Zone** Ein Bereich von ungefähr 50 Grad auf jeder Seite des Windes, in dem man mit einem Fahrzeug unter Segel nicht mehr fahren kann.
• **Trapez** Hüft- oder Sitzgurt, mit dem man bei stärkerem Wind einen Teil des Segeldrucks nicht mehr mit den Händen, sondern mit dem gesamten Körper halten kann.
• **Trapeztampen** Am *Gabelbaum* befestigte Leinen, in die man sich mit dem Trapezhaken einhängt.
• **Trimmen** Das *Rigg* so einstellen, daß es für die herrschenden Windverhältnisse optimale Leistung bringt.
• **Trimmschot** Dünner *Tampen*, mit dem das Segel im *Gabelbaum* gespannt (getrimmt) wird.

V

• **Vorliek** Die vordere Kante des Segels.
• **Vorliekstrecker** Tampen, mit dem das *Vorliek* des Segels unter Spannung gesetzt wird.
• **Vortrieb** Derjenige Teil aller vom *Segel* ausgehenden Kräfte, die in Fahrtrichtung des Boards nach vorne gerichtet ist.
• **Vorwindkurs** Der *Kurs,* bei dem der Wind direkt von hinten kommt.

W

• **Wende** Manöver, bei dem man mit der Brettspitze durch den Wind dreht.

STICHWORTVERZEICHNIS

NÜTZLICHE ADRESSEN

Verband Deutscher Windsurfschulen (VDWS)
Heimgartenstr. 9a, 8120 Weilheim, Tel. 08 81/42 61

Deutscher Segelsurfverband (DSSV)
Heidestr. 114, 5840 Schwerte, Tel. 0 23 04/4 34 19

Deutscher Segler-Verband (DSV)
Gründgensstr. 18, 2000 Hamburg 60, Tel. 040/6 32 00 90

Eurosurf-Schulverband
Asbecker Str. 25, 4428 Rosendahl 1,
Tel. 0 25 41/64 50

International Windsurfing Association (IWA)
Langer Str. 42, 4000 Düsseldorf 1, Tel. 02 11/7 33 59 41

World Windsurfing Schools (WWS)
Klammstr. 7, 8100 Garmisch-Partenkirchen, Tel. 0 88 21/23 09

DANKSAGUNG

Phil Jones und Dorling Kindersley möchten folgenden Personen für ihre Unterstützung bei der Produktion dieses Buches danken:

Suzy Hornby und John Manners als Models und für ihre Fachkenntnisse.

David Thomas vom Club Sportif, Suite 1225, The Gatwick Hilton Hotel, Gatwick, West Sussex, RH6 OLL (Tel. 02 93 56 73 96), für Flüge und Unterkunft auf Lanzarote für Location-Fotos.

Scanro für die Bereitstellung der Vinta Surfboards, Unit 99/15 North Tyne Industrial Estate, Longbenton, Newcastle upon Tyne, Tyne and Wear, NE 9SZ (Tel. 0 91 2 26 92 22).

Kenneth Gasque vom Club La Santa auf Lanzarote für die Benutzung der hervorragenden Clubeinrichtungen.

The London Dinghy Centre, 232 Hither Green Lane, London SE 13 6RT für die Bereitstellung von Windsurfing-Ausrüstungsteilen.

Windsurfers World Ltd., 146 Chiswick Green High Rd, London W4 1PU für die Bereitstellung von Windsurf-Bekleidung und -Accessoires.

Hilary Bird für die Aufbereitung des Registers.

Rodney Forte und Tracy Hambleton für die Ausweisbeschaffung.

Ann Kay, Jo Weeks, Debz Opoczynska und Lol Henderson für die redaktionelle Assistenz.

Rodney Forte für die Foto-Assistenz.

4 Walls Studios, 5 Defoe Rd, Stoke Newington, London, N12, für die Studio-Vermietung.

John Woodcock für die Farb-Illustrationen.

Coral Mula, John Woodcock, Janos Marffy, Rob Shone, Salvo Tomaselli und Nicholas Hall für die Schwarz-Weiß-Illustrationen.